•FONTANA•

CHRISTIAN ANDERSEN

SELECCIÓN DE CUENTOS

TRADUCCIÓN:

J. L. SADA

PRÓLOGO Y PRESENTACIÓN:

FRANCESC LL. CARDONA,

Doctor en Historia y Catedrático

BookTrade

SELECCIÓN DE CUENTOS, Christian Andersen

Prólogo / Presentación: Francesc Lluis Cardona
Traducción: J. L. Sada
Ilustraciones: Anne Anderson (páginas 41, 44 y 110)
y Vilhelm Pedersen (páginas 101, 107, 126)
Diseño gráfico / Ilustración portada: Daniel Jurado

Edita: Olmak Trade S.L.
C/ Roca Plana 1
08110 - Montcada i Reixac
Barcelona (España)

www.olmaktrade.com
info@olmaktrade.com

@O_BookTrade
#ClásicosFontana

Impreso en España / Printed in Spain

I.S.B.N: 978-84-10109-49-0
Depósito Legal: B 10082-2024

Estudio preliminar

Hans Christian Andersen

Nació en la ciudad danesa de Udense el 2 de abril de 1805. Su niñez transcurrió apacible. Su padre era zapatero de carácter romántico y progresista. Su madre era mayor que él y le ofreció una mimosa niñez que, por paradojas de la vida se vio interrumpida por la muerte de su progenitor en 1816 y el segundo casamiento de aquélla.

A penas con 14 años, el joven Andersen marchó para Copenhague para ganarse la vida y prácticamente sin medios económicos. Fracasó en su intento de triunfar como cantante, actor teatral y bailarín y tampoco despuntó como poeta.

Gracias a una generosa beca donada por J. Collin realizó en 1822 algunos estudios regulares. Ocho años más tarde su primer amor con Luisa, hija de su benefactor acaba en desastre, como su primera experiencia y su tercera con Jenny Lind, delicada cantante.

A partir de 1833 y ya como consagrado escritor viajó por Francia e Italia y fue en el maravilloso país alpino donde eclosionó su genial vena cuentista. A este país regresaría tres veces más. Le gustaban los viajes y lo hizo con profunda introspección de todo lo que veía por numerosos países entre ellos España al que consagraría una de sus obras ("*Viaje por España*").

Fallecería en Copenhague el 4 de agosto de 1875.

Los cuentos

¿Quién no recuerda aquellas historias que nos distrajeron en nuestra niñez como *"El patito feo"*, *"La sirenita"*, *"El soldadito de plomo"*, *"La cerillera o la niña de los fósforos"*, etc.? Cuentos a los que siempre nos asaltará una duda: ¿son de Andersen, de Grim (los hermanos alemanes) del francés Perrault o incluso de Charles Dickens? Y entonces *Blancanieves, Caperucita Roja*, *El Abeto* o la *Canción de Navidad* ¿no los podemos colar sin darnos cuenta en el acervo de Andersen?

¡Y es que éste es tan enorme! De ahí la dificultad de escoger para nuestra antología los que creemos más representativos, más "andersenianos" (sin menoscabo de que los lectores crean u opinen que nos hemos dejado fuera algunos que también lo eran y otros que hemos seleccionado, no lo sean tanto)

Andersen los publicó en varias colecciones desde 1835 hasta 1872, tres años antes de su muerte. Su desbordada imaginación le hace valerse de las fuentes más diversas, incluyendo sus vecinos encuadrados en el romanticismo germánico. Pero no se encorseta con ellos, sino que su desmesurada ansia de libertad le lleva a surcar el firmamento y a llegar más allá de las estrellas, las profundidades marinas, el infierno o los confines del planeta para retornar y quedar varado para siempre como su sirenita en la ciudad que lo adoptó para siempre: Copenhague.

Y si con eso no tiene bastante Andersen se inspira en lo más prosaico y deleznable de su entono: una cabeza de arenque, un trozo de madera podrida, un gusano de luz, un escarabajo petrolero, un topo, un viejo farol, una plancha y un cuello postizo... Andersen da vida propia a estos productos de desecho con un "realismo poético" que los llega a hacer atractivos a incorporarlos a nuestra vida cotidiana, es un auténtico fabulista de lo humilde.

Como tantas vees ha sucedido con otros cuentistas, sus narraciones van destinada a los niños, pero también a los mayores a sus padres y abuelos como aquel tren eléctrico que antaño traían los reyes "para que lo montara papá y jugara con él". Los cuentos fustigan acremente los siete pecados capitales, objetivo muy difícil de entender para la mentalidad de un niño, así como la sutil ironía andersenіana para criticar la hipocresía (de la que él no estaba por cierto extento). Junto a ello existen a veces veladas alusiones eróticas (¡besos en labios calientes!...).

Andersen saca su inspiración de las fuentes más variadas: folklore danés, parábola, poesía, recuerdo autobiográfico, sátira, moraleja, imágenes oníricas (de sueños) y lo más cotidiano y cercano.

Su hábitat natural, los rigores de su clima, son una constante. Andersen suspira por el cálido verano, por el sol que más calienta. Suspira por no ser un excelente poeta. Entre los relatos más emocionantes hay que destacar la vendedora de fósforos o niña de las cerillas, como tantos otros el relato nos hace llorar. Jamás se ha escrito con más tiernos y crudos acentos, sobre la incomprensión humana y su egoísmo más feroz.

Como Julio Verne, Andersen tiene premonición de futuro hasta la apertura del eurotúnel menciona, pero es curioso él se refiere a "dentro de mil años" ¡Cuanta prudencia para un hombre que derrocho tanta fantasía! Y su realización tardaría poco más de un siglo. En "*La gran serpiente de mar*" canta como nadie al progreso con ecos de Víctor Hugo y para delicadeza poética *El ruiseñor* y es que tal como nos daremos cuenta a través de la lectura de esta antología Andersen aspiró siempre a ser o que se le conociera como un gran poeta.

En el cultivo del cuento crítico, el prolífico danés se

encuentra también en su salsa. Los ecos Hispanos e hispanoárabes del Retablo de las Maravillas o del Conde de Lucanor se hallan presentes en *Los vestidos nuevos del emperador*. Un mundo Mediterráneo al que Andersen había viajado y estimaba a pesar de la descripción no muy halagüeña que en algún cuento realiza del paisaje y las gentes de Italia.

Y volviendo al Andersen poeta, melancólico, nada mejor que leer "una rosa de la tumba de Homero" con una estética que desprecia el "carpe diem" y la rosa se marchita sin aspirar el placer de tedio y aburrimiento al haber "dado calabazas" a los requerimientos amorosos del ruiseñor, con una reconstrucción de ambiente arqueológico que recuerda a Lord Byron.

Y la tristísima historia de Valdemar Daae en busca de la "piedra filosofal" y cuya caída en la miseria arrastra a la de toda su familia. Una historia "escrita en el viento" que nos recuerda la búsqueda del absoluto de tantos filósofos y pensadores.

Fabulista donde los haya, Andersen "hace hablar a todo" y recordando a los libros medievales de Floras presenta las estaciones del año, los meses, la sucesión una y otra vez de la rueda del tiempo con una plasticidad auténticamente musical (recordemos a Vivaldi o Haydn) y pictórica.

Andersen es pues un narrador nato, dotado de grandes posibilidades para la poesía con una imaginación poco frecuente y una ironía matizada por una profunda melancolía.

¿Fue todo esto y más lo que movió a los copenhaguenses a colocar en el ombligo de su cuidad las "Rådhuspladsen el monumento al genial cuentista que hundido en ensoñaciones, mira el vivo tráfico actual, que parece haber salido de alguna de sus encantadoras historias?

Francesc Lluis Cardona

Selección de cuentos

Christian Andersen

El soldadito de plomo

Habia una vez veinticinco soldados de plomo, hermanos todos ellos, puesto que todos habían salido del mismo trozo de metal fundido. Todos tenían un fusil igualito y el uniforme azul y rojo, limpio y brillante, y todos tenían el mismo aire marcial y gallardo.

Las primeras palabras que oyeron cuando despertaron a la luz del dia —y esto fue al abrirse la caja donde los habían colocado —fueron éstas; "¡Soldaditos de plomo!"

Fue un niño quien las pronunció, alborozado, cuando los recibió como regalo de su santo. Era de verdad un espléndido regalo, y así lo comprendió el niño, que siempre habia ansiado poseer una colección de soldaditos de plomo. Saltó y brincó, lleno de gozo, y después se puso a colocarlos en filas sobre la mesa. Todos eran preciosos, todos marcaban el mismo paso y todos eran exactamente iguales, excepto uno. Habia sido el último y el poco plomo que quedaba hizo que saliera con una pierna menos, y eso era lo que le diferenciaba de sus compañeros.

Sin embargo, no restaba esto marcialidad a su continente. Era tan gallardo y se mantenía tan firme como cualquiera de sus compañeros. Entre todos fue el único que alcanzó la celebridad.

Los soldados fueron colocados en un lugar donde había muchísimos juguetes. De todos ellos sobresalía, por su tamaño y magnificencia, un gran castillo medieval. Aunque estaba construido de cartón, no lo parecía, y a través de sus ventanas podía verse su interior, lujosamente decorado, y sus amplios salones. En su parte exterior estaba rodeado de un jardincito precioso, con sus arbolitos y su pequeño estanque de cristal azogado, en cuya superficie se reflejaban unos blancos cisnes de cera. Con ser todo esto muy hermoso, más lo era la linda señorita que se hallaba a la entrada del castillo. También estaba hecha de cartón, pero tenia un tono de piel encantador. Vestía un trajecito de muselina blanca adornado con una gran flor de brillantes lentejuelas en el escote. Era en verdad muy limpia. Tenia los brazos tendidos hacia arriba y se sostenía con la punta de un solo piececito. Esto demostraba que era bailarina, pero el soldadito se la imaginó otra cosa bien distinta. Creyó que, al igual que a él, a la bailarina le faltaba una pierna.

Entonces pensó:

"Verdaderamente, creo que me convendría esta damisela, aunque, quizá, sea yo muy poca cosa para ella. Ella es la dueña de un gran castillo y yo sólo tengo un minúsculo lugar en la caja de cartón, junto a mis veinticuatro compañeros. Este no es sitio adecuado para ella, me parece a mi.

Pero luego, reflexionando, llegó a la conclusión de que, más adelante, tendría tiempo de llegar a un acuerdo con la señorita coja del castillo.

El soldadito se hallaba casi oculto tras una gran caja de rapé, y desde allí podía contemplar a su gusto a la elegante damita, que seguía sin moverse, sosteniéndose sobre una sola pierna.

Cuando llegó la hora de acostarse, una mano cuidadosa recogió todos los juguetes. Los veinticuatro compañeros del sol dado fueron colocados en su caja de cartón inexplicablemente, nuestro soldadito fue olvidado fuera de ella.

Luego todo quedó en silencio.

Y poco a poco, al llegar la hora mágica, el pequeño gabinete de los niños fue llenándose de ruidillos, sigilosos primero, de alegría y alboroto más tarde.

Todos los juguetes salieron de sus escondites y comenzaron a jugar por su propia cuenta. Las muñequitas jugaban a ir de visitas y de compras, los payasos ejecutaban saltos mortales y contaban chistes, los soldados de plomo hacían esfuerzos titánicos por salir de su caja, sin conseguirlo, y tan sólo nuestro soldado y la danzarina del castillo continuaban inmóviles, y al parecer, sin ganas de tomar parte en la algarabía general. Tanta fue ésta, que hasta el canario despertó y comenzó a recitar largas parrafadas poéticas.

Cuando el reloj de cucú dejó oír las doce campanadas que señalaban la media noche, se abrió de repente la caja de rapé y salió de ella un muñeco resorte, feo como ninguno, de cara negra y envidiosa.

En seguida se dio cuenta de que el soldadito y la danzarina se lanzaban tiernas miradas, y su corazón de muelles rechinó ásperamente.

—¡Vaya con el soldadito! —rió zumbón—. ¡Tendrías que ver la facha que tienes, paticojo y con cara de bobalicón!

Pero el soldadito de plomo fingió no oír nada, y por más tentativas que hizo el malvado muñeco, no consiguió provocar su enfado.

Veremos mañana —murmuró rencoroso cuando sonó la hora de retirarse.

Y al día siguiente, los niños se levantaron a la hora de costumbre para jugar.

Y sin saber cómo, en el transcurso de sus juegos, colocaron al soldadito en el alféizar de la ventana. Y tampoco supo nadie cómo se cerró ésta de golpe, arrojando a la calle al soldado desde un tercer piso.

La caída fue tremenda para el pobrecito, pues, además del susto, su posición era de lo más incómoda, con su única pierna al aire y la bayoneta clavada entre los guijarros de la calle.

El niño a quien había sido regalado bajó corriendo la escalera y salió a buscarlo, seguido de la criada, pero por más que hicieron, no consiguieron encontrarlo, aunque pasaron tan cerca, de él que fue un milagro que no lo pisaran. Y él, que podía muy bien haber gritado, no quiso hacerlo porque le pareció improcedente lanzar gritos en plena calle, yendo de uniforme.

La muchacha y el niño se fueron y empezó a llover. Cayó un buen chaparrón y más tarde, cuando cesó la lluvia, dos niños que pasaban por allí descubrieron, entre el barro que se habia formado, al soldadito sin pierna.

—¡Mira, un soldado de plomo! —dijo uno de los chicuelos—. ¿Hacemos una barca de papel y lo metemos dentro?

Al otro muchachito le pareció de perlas la idea y así lo hicieron. Construyeron una barquita con una página de papel de periódico y en ella colocaron como único tripulante al soldadito de plomo. Luego dejaron la barca sobre la corriente de agua que habia dejado la lluvia a ambos lados de las aceras y le dijeron adiós alegremente.

¡Pobre soldadito! ¡Qué olas azotaban la pobre barquichuela y qué angustias por mantenerse firme en su puesto! La barquita subía y bajaba a merced de la corriente, daba vueltas sobre si mismo, con gran peligro de irse a pique, o bien navegaba vertiginosamente, el pobre soldado se sentía morir de angustia y de miedo, pero no por eso dejaba su marcial postura. De pronto, después de un tremendo tropezón, la barquita enfiló derechamente la boca de un túnel sombrío, que no era otra cosa que un desagüe.

—¿Dónde acabará esto, Dios mío? —se preguntaba consternado el soldadito—. Y de todo lo que me está ocurriendo tiene la culpa aquel malvado muñeco que quiso apartarme de la dulce damita del castillo. ¡Si al menos la tuviera a ella conmigo, sobrellevaría mejor mi negra suerte!...

Entonces, con gran sobresalto suyo, vio una enorme rata gris que surgía a la entrada de la alcantarilla.

—¡Eh, eh! No corras tanto. Tienes que enseñarme tu pasaporte; si no lo tienes en regla, no puedes transitar por mi alcantarilla.

Pero el soldado de plomo continuó impertérrito, sujetando firmemente su fusil, y la barquita siguió navegando sin detenerse, sorteando prodigiosamente cuantos obstáculos se interponían en su camino.

La rata, rechinando los dientes de rabia, nadó furiosamente en persecución de barca y soldado. A los troncos de madera, a los papeles y desperdicios, les gritaba:

—¡Detened a esa barca! Su tripulación no ha pagado derechos de aduana ni lleva pasaporte.

Ahora la barquichuela alcanzó una velocidad de vértigo. Se aproximaba a la salida del desagüe. Un ruido ensordecedor hirió los plomizos oídos de nuestro héroe. Esto era porque el agua que salía de la alcantarilla se unía al caudal de un gran arcaduz, para ir a precipitarse en peligrosa cascada. Ya nada podía detener al barquito de papel, el fin se aproximaba. De improviso, éste dio tres o cuatro vueltas sobre si mismo y se produjo el naufragio.

Nuestro soldadito se mantuvo tan firme como pudo; ni siquiera cerró los ojos. Siguió en pie sobre el suelo de la barca hasta que ésta empezó a llenarse de agua y, por fin, se deshizo. Entonces el soldadito sólo tuvo tiempo de dedicar un último pensamiento a la bella danzaría antes de que las aguas le arrastraran hacia un fondo sin fin. Le pareció que la voz de ella llegaba hasta él, entonando una dulce canción de despedida:

Adiós soldadito valiente,
mi leal y fiel amigo,
desde mi hermoso castillo,
adiós, llorando, te digo.

Y se fue hundiendo, hundiendo. Ya no quedaba ni rastro de la barca y de él no quedó nada tampoco, en el momento en que fue tragado por un pez enorme, que sintió curiosidad por conocer a qué sabia el plomo.

El soldadito sintió una extraña sensación dentro del estómago de pez, que era más oscuro todavía que la alcantarilla y bastante más estrecho que la caja de cartón donde habia vivido con sus veinticuatro compañeros, pero nada dijo y continuó sujetando firmemente su fusil y manteniendo su gallarda postura.

Dentro del pez, se sintió contorsionado, sacudido y transportado velozmente. Por se quedó quieto, muy quieto. Más tarde, mucho más tarde, se vio de improviso transportado a plena luz del dia y oyó claramente pronunciar a su lado: "¡Mirad, el sol dado de plomo!"

Lo que habia ocurrido era que el pez habia sido pescado, llevado al mercado, comprado por la cocinera de la casa y, un instante antes, la criada lo habia destripado.

Tomándolo entre sus dedos, la criada lo llevó alborozada a presencia de sus amos, mostrándolo como un caso extraordinario.

—¡Es el mismo! ¡Efectivamente, es el mismo!

Y el soldadito volvió a encontrarse en la misma habitación de juguetes donde ya habia estado antes. Todo seguía igual. Estaban los mismos niños, los mismos juguetes..., su danzarina, a la puerta de su castillo, sosteniéndose todavía sobre el mismo pie y fascinándole con su mirada radiante.

Se dijo, muy emocionado, que también ella era una señorita valiente. Y el pobre soldadito, que tenia un corazón muy sensible, casi estuvo a punto de llorar de alegría. Pero tenia conciencia de su responsabilidad y sabia que las lágrimas son incompatibles con el uniforme. Por eso se limitó a contemplarla con silenciosa admiración.

Y de pronto el más pequeño de los niños que jugaban en la habitación cogió al soldadito con sus manecitas y, sin ninguna razón, lo dejó caer en el fuego de la chimenea.

¡Qué ruidillo más significativo se oyó entonces dentro de la caja de rapé! Sin duda el cruel muñeco sorpresa había sabido inspirar tan extraña y cruel conducta al niño pequeño.

Y allí, entre las llamas de la chimenea, el soldadito se preguntaba si era el fuego de los leños el que le consumía o era el fuego de su corazón lleno de amor.

Fue perdiendo sus hermosos colores, deshaciéndose lentamente, y siguió mirando a la damita de sus sueños, que le correspondía con su expresión angustiada.

Poco a poco sentía que se estaba derritiendo, pero él continuaba impertérrito, con su fusil al hombro.

Y entonces sucedió algo prodigioso. Una puerta se abrió y, al mismo tiempo, una ventana. Se estableció entonces una corriente de aire que, levantando blandamente a la muñequita bailarina, la hizo volar como una blanca mariposa hasta la chimenea, donde quedó al instante envuelta en las mismas llamas que derretían al soldado.

Este quedó al fin totalmente derretido y al dia siguiente, cuando la criada entró a limpiar la habitación y encender la chimenea, del soldadito sólo quedaba un pedazo de plomo en forma de corazón y junto a él una rosa de lentejuelas.

La Sirenita

Dentro, muy dentro del mar el agua es tan azul como los pétalos de la más hermosa flor azul de los trigales, y tan clara como el cristal más puro, pero es muy profunda, tan profunda que ningún áncora la alcanza, y harían falta muchas torres de iglesia, unas encima de otras, para llegar del fondo a la superficie. Allá abajo vivían las criaturas del mar.

Pero no creáis que hay nada más un fondo de arena desierto y blanco; no, crecen allí los árboles y plantas más maravillosos, con tallos y hojas tan flexibles que con el más suave movimiento del agua se agitan como si estuviesen vivos. Todos los peces, pequeños y grandes, nadan entre las ramas, como aquí arriba los pájaros por el aire. En lo más profundo se encuentra el palacio del rey del mar; los muros son de coral y las altas y artísticas ventanas, del ámbar más traslúcido, pero el tejado son conchas que se abren y se cierran según va el agua; ofrecen una vista espléndida, porque en cada una se encuentra una brillante perla, de las que una sólo resultaría una espléndida joya en la corona de una reina.

El rey del mar era viudo desde hacía muchos años, pero su anciana madre dirigía la casa; era una mujer experta, pero muy pagada de su rango, por lo que se adornaba la cola con doce ostras, mientras la corte tenía que contentarse con llevar sólo seis. Además merecía muchas alabanzas, sobre todo por lo que quería a las princesitas del mar, sus nietas. Eran seis deliciosas criaturas, pero la más pequeña era la más hermosa de todas, su piel era tan blanca y pura como un pétalo de rosa, sus ojos tan azules como el más profundo lago, pero al igual que las demás, no tenía pies su cuerpo acababa en cola de pescado.

Todo el día podían jugar allá en el palacio, en los espaciosas salones en los que flores vivientes crecían de las paredes. Las grandes ventanas de ámbar estaban abiertas, y los peces entraban nadando por ellas, igual que las golondrinas nos entran en casa cuando abrimos, pero los peces iban nadando hacia las pequeñas princesas, comían de su mano y se dejaban acariciar.

Alrededor del palacio había un gran jardín con árboles de rojo espléndido y azul oscuro, las frutas centelleaban como de oro y las flores como un fuego incandescente, porque sin cesar agitaban el tallo y las hojas. El mismo suelo era de la más fina arena, pero azul como llama de azufre. Sobre cuanto había allí se extendía un maravilloso resplandor azul, más bien parecía estar en el pleno aire, viendo cl cielo por encima y debajo, que en el fondo del mar. En momentos de calma podía divisarse el sol, como una flor purpúrea de cuyo cáliz irradiaba toda la luz.

Cada una de las princesitas poseía su pequeña parcela en el jardín, en la que podía cavar y plantar, según quisiera; una dio a su porción la forma de una ballena, otra prefirió que la suya simulase una sirenita, pero la más pequeña hizo la suya muy redonda, como el sol, y tenía sólo flores, que brillaban rojas como él. Era una criatura extraña, quieta y pensativa, y mientras las otras hermanas empleaban como adorno las cosas más fantásticas que habían tomado de los barcos naufragados, ella tan sólo tenía, aparte de las flores rojas que semejaban el sol de allá arriba, una bella estatua de mármol, un hermoso muchacho esculpido en blanca y limpia piedra, que en un naufragio había caído al fondo del mar. Junto a la estatua plantó un rojizo sauce llorón que creció fuerte y cubría a la estatua con sus colgantes y frescas ramas, sobre el fondo de arena azul en el que proyectaba su sombra violeta y agitada, como las ramas; parecía como si la cúspide y las raíces jugasen a besarse.

No había mayor alegría para ella que oír contar sobre el mundo de los hombres allá arriba; la vieja abuela tenía que contarle todo lo que sabía acerca de barcos y de ciudades, hombres y animales, en especial le parecía maravilloso que sobre la tierra las flores tuvieran aroma, pues no ocurría así en el fondo del mar, y que los bosques fueran verdes y que los peces, que en ellos se veían entre las ramas, cantasen alegre y armoniosamente, lo que era una delicia; eran los pajarillos que la abuela llamaba peces, porque si no, no la hubieran entendido, ya que nunca habían visto un pájaro.

Cuando cumpláis quince años —dijo la abuela— os daré permiso para salir del mar, sentaros en las rocas a la luz de la luna y ver los grandes barcos y los veréis navegar ante bosques y ciudades.

Al año siguiente cumplía una de las hermanas quince años, pero las otras..., bueno, como se llevaban un año entre sí, la menor tenía que esperar aún cinco años para poder subir del fondo del mar y ver cómo es nuestro mundo. Pero cada una de ellas prometió a las otras relatar lo que había visto y encontrado más hermoso el primer día; porque su abuela no les había contado bastante, era tanto lo que querían saber.

Ninguna estaba tan deseosa como la pequeña, precisamente la que tenía que aguardar más y era tan tranquila y pensativa. Muchas noches permanecía junto a las ventanas abiertas y miraba hacia arriba a través del agua azul oscura, que los peces movían con sus aletas y colas. Podía ver la luna y las estrellas, que brillaban pálidamente, pero a través del agua lucían mucho más grandes que a nuestros ojos; a veces se deslizaba como una nube negra bajo ellas, entonces sabía que bien era una ballena que nadaba por encima o quizá un barco con multitud de hombres; poco pensaban ellos que una preciosa sirenita se encontraba debajo y alzaba sus manos blancas hacia la quilla.

Entonces la mayor de las princesas cumplió quince años y pudo asomarse por encima del agua.

A su regreso tenía cientos de cosas que explicar, pero lo mejor, dijo, era yacer a la luz de la luna en un banco de arena en el mar en calma y ver próxima a la costa la gran ciudad en la que parpadeaban las luces como cientos de estrellas, escuchar la música y el ruido y el bullicio de coches y de gentes, ver tantos campanarios y agujas y oír donde tocaban las campanas; precisamente porque no podía ir allá eran aquellas cosas las que más deseaba.

Oh, que atenta estaba la hermana menor y cuando con la noche fue a la ventana abierta y miró hacia arriba a través del agua azul oscuro, pensó en la gran ciudad con todo el ruido y el bullicio y le pareció que llegaba hasta ella el tañido de las campanas.

Al año siguiente la segunda hermana consiguió permiso para elevarse a través del agua y nadar donde quisiera. Asomó precisamente cuando el sol se ponía y encontró que aquella vista era lo más hermoso. Todo el cielo parecía de oro, contó. Las nubes, bueno, ¡ella era incapaz de describir su belleza! Habían pasado por encima de ella, rojas y violetas, pero mucho más veloces que las nubes había volado, como un largo velo blanco, una bandada de cisnes salvajes, sobre el mar lleno de sol, ella nadó hacia allá, pero el sol se escondió y el resplandor de rosa se desvaneció de la superficie del mar y de las nubes.

Al otro año subió la tercera hermana, era la más osada de todas, por lo que nadó hacia un ancho río que desembocaba en el mar. Vio hermosas colinas verdes con viñas, palacios y fincas asomaban entre espléndidos bosques; oyó el canto de los pájaros y el sol lucía con tanto ardor que con frecuencia tuvo que sumergirse para refrescar su acalorado rostro. En una cala encontró gran número de niños pequeños, corrían y chapoteaban completamente desnudos; bien hubiera querido jugar con ellos, pero huyeron asustados, y vino un pequeño animal negro, era un perro, pero ella nunca había visto uno; ladró tan espantosamente que la asustó y huyó a alta mar, pero nunca pudo olvidar los bosques espléndidos, las colinas verdes y los graciosos niños que sabían nadar, aunque no tuviesen cola de pez.

La cuarta hermana no era tan osada, salió en pleno mar abierto y contó que había sido lo más maravilloso; la vista alcanzaba millas a la redonda y encima el cielo era como una campana de cristal. Había visto barcos, pero tan lejanos que parecían gaviotas, los divertidos delfines habían hecho cabriolas y las enormes ballenas lanzado agua por las narices, de forma que parecían cien surtidores al unísono.

Luego le tocó a la quinta hermana; su cumpleaños era justo en invierno y por lo tanto vio lo que las otras no habían visto la primera vez. El mar se había vuelto por completo verde y aldededor flotaban grandes montañas de hielo, cada una parecía una perla, dijo, aunque fuesen mucho más altas que las torres de iglesia que levantaban los hombres. Mostraban las formas más fantásticas y brillaban como diamantes. Se había sentado en una de las más grandes y todos los veleros navegaban asustados, tratando de apartarse de donde ella permanecía sentada, dejando que el viento agitase sus largos cabellos; pero al caer la tarde, el firmamento se cubrió de nubes, relampagueó y tronó, mientras el mar sombrío levantó los bloques de hielo y los hizo resplandecer con los estremecedores relámpagos. En los barcos se arriaban las velas, había zozobra y miedo, pero ella siguió sentada tranquilamente en su flotante iceberg y contemplaba los azules relámpagos precipitarse en zigzag en el mar encendido.

La primera vez que una de las hermanas salía del mar se entusiasmaba sobre cuanto nuevo y hermoso había contemplado, pero ahora, que como mayores, tenían permiso para asomarse cuando quisieran, les resultaba indiferente, volvían a desear su casa, y al cabo de un mes dijeron que su hogar era mejor que nada y que nada había de más placentero.

Muchas noches enlazaban sus brazos las cinco hermanas y se elvaban en círculo sobre el agua; su canto era atractivo sobremanera, más dulce que nada humano, y cuando amenazaba la tempestad y les parecía que los barcos podían naufragar, nadaban frente a ellos y cantaban con voz deliciosa lo bien que se estaba en el fondo del mar y pedían a los marineros que no tuviesen miedo de bajar hasta allí; pero éstos no podían entender las palabras, creían que era la tormenta, y no encontraban ningún atractivo en ver el fondo, porque cuando se hundía el barco, los hombres se ahogaban y sólo como muertos visitaban el palacio del rey del mar.

Cuando por la noche las hermanas, enlazadas, se alzaban del mar, su hermanita quedaba a solas y las contemplaba y parecía que iba a hecharse a llorar, pero las sirenas no tienen lágrimas, y así sufría más.

—¡Ay, si tuviese quince años! —exclamaba—. ¡Estoy segura que amaría ese mundo de arriba y a los hombres, que constituyen y viven allí!

Por fin cumplió los quince años.

Mira por dónde te nos escapas —dijo su abuela, la vieja reina madre—. Ven que te adorne como a tus hermanas— y le colocó una corona de lirios blancos en la cabeza, pero cada pétalo era la mitad de una perla, y la anciana fijó seis grandes ostras a la cola de la princesa para indicar su rango.

—¡Me hacen daño! —dijo la sirenita.

La gala exige sacrificios —dijo la anciana.

¡Oh!, con gusto se hubiera desprendido de todas aquellas zaranojalas y quitado la pesada corona; sus rojas flores marinas la adornaban mucho mejor, pero no se atrevió a hacerlo.

—¡Adiós!—dijo, y subió tan ligera y brillante como una burbuja, a través del agua.

El sol acababa de esconderse cuando sacó la cabeza del agua, pero el cielo resplandecía aún como rosas y oro, y en medio del cielo rosa pálido brillaba la estrella de la tarde, clara y deliciosa, el aire era dulce y fresco y el mar estaba inmóvil. Había una gran embarcación de tres mástiles, una sola vela izada, pues no soplaba viento alguno, y en torno al cordaje y a los mástiles se sentaban los marineros. Había música y canto y a medida que se hacía más oscuro se encendieron cientos de luces multicolores; parecía como si las banderas de todas las naciones ondeasen al viento. La sirenita nadó hasta el ojo de buey de un camarote y cada vez que el mar la levantaba podía ver, a través de los claros vidrios, el interior, donde se encontraban muchos caballeros elegantes, pero el más atractivo de todos era el joven príncipe de grandes ojos negros, no mayor de dieciséis años, era su aniversario, razón por la que se daba tal fiesta. Los marineros bailaban en el puente y cuando el joven príncipe asomó en él, estallaron más de cien cohetes, que lucían como si fuera de día, de forma que la sirenita llenó de pavor y se hundió en el agua, pero pronto volvió a sacar la cabeza y entonces pareció como si todas las estrellas del cielo lloviesen sobre ella. Jamás había visto semejantes fuegos articiales. Grandes soles giraban en torno, espléndidos peces de fuego se agitaban en el aire azul, y todo se reflejaba en el mar, límpido, sereno. Tanta claridad había en el barco que podía distinguirse la menor cuerda, no sólo a los hombres. Oh, pero qué guapo era el joven príncipe, estrechaba la mano de las gentes, reía y sonreía, mientras la música sonaba en la deliciosa noche.

Se hacía tarde, pero la sirenita no podía apartar los ojos del barco ni del príncipe atractivo. Las luces multicolores se apagaron, dejaron de dispararse los cohetes y no volvió a oírse ningún otro cañonazo, pero en lo hondo el mar susurraba y gruñía; estaba sentada entre dos aguas y se mecía, para poder mirar en el camarote; pero el barco se alejó rápidamente, se izaron vela tras vela, las olas se hicieron más violentas, aparecieron grandes nubes, relampagueó a lo lejos. ¡Oh, se aproximaba una espantosa tormenta!, por lo que los marineros arriaron las velas. El gran barco se mecía y movía a gran velocidad en el mar encrespado, las olas se levantaban como grandes montañas negras que se precipitasen sobre el mástil, pero el barco se sumergía como un cisne entre las olas gigantes y se dejaba alzar de nuevo al impulso de las aguas. A la sirenita le pareció una divertida travesía, pero no a la tripulación, el barco crujía y traqueteaba, los gruesos tablones cedían ante el violento empuje, el barco comenzó a hacer agua, el mástil se quebró por la mitad, como si fuera una caña, y el barco se inclinó de costado, mientras el agua entraba en el camarote. Entonces cayó en la cuenta la sirenita del peligro que corrían, incluso ella debía llevar cuidado con los tablones y restos del barco que se agitaban en el agua. En un momento se hizo tan oscuro que no se distinguían nada, pero cuando relampagueó hubo de nuevo tanta luz que pudo reconocer a las gentes del barco; todos se las arreglaban lo mejor que podían; buscó en especial al joven príncipe y cuando el barco se hizo pedazos, le vio hundirse en el profundo mar. Esto fue de su agrado, porque así se reuniría con ella, pero pronto recordó que los hombres no sobrevivían en el agua, y que él, a menos que muriera, no podía bajar al palacio de su padre. No, no debía morir; por eso nadó entre los tablones y los restos que se agitaban en el agua, olvidándose por completo que podían aplastarla, se hundió en lo profundo del mar y surgió entre las olas y así llegó junto al joven príncipe, que ya sin fuerzas casi no podía nadar más en el mar tormentoso; sus brazos y piernas comenzaban a debilitarse, sus preciosos ojos se cerraban, hubiera muerto de no haber acudido la sirenita. Ella le mantuvo la cabeza fuera del agua y dejó que las olas les llevasen a su antojo.

Con el amanecer se disipó la tormenta; ni una astilla se veía del barco, el sol brillaba rojo y resplandeciente sobre el mar, por lo que la vida volvió a las mejillas del príncipe, pero los ojos continuaban todavía cerrados; la sirena le besó la frente alta y hermosa y ordenó su pelo todavía mojado; se dijo que se parecía a la estatua de mármol de su pequeño jardín, le besó otra vez, y deseó que viviese.

Entonces vio ante ella la tierra firme, montañas elevadas y azules, en cuyas cimas brillaba la blanca nieve como cisnes inmóviles; abajo junto a la costa había bosques verdes y deliciosos, y ante ellos se alzaba una iglesia o un monasterio, no sabía con precisión, pero sea como fuese un edificio. En el jardín crecían limoneros y naranjos y ante la puerta se levantaban altas palmeras. El mar dibujaba allí una cala de aguas tranquilas, pero muy profundas, bordeada por un promontorio de limpia arena blanca y menuda; hacia allí nadó con el guapo príncipe, lo depositó en la arena, pero cuidó sobre todo que la cabeza estuviera en alto bajo el caliente sol.

Entonces tañeron las campanas en el gran edificio blanco y por el jardín salieron muchas jóvenes. La sirenita se alejó nadando a unas altas rocas que sobresalían del agua, se tapó cabeza y hombros con espuma, de modo que nadie pudiera descubrir su carita y así poder observar quién encontraría al pobre príncipe.

No tardó en acercarse una muchacha que pareció darse un gran susto, pero enseguida llamó a más gente y la sirena vio que el príncipe vivía y que sonreía a quienes se habían reunido en torno suyo, pero no hacia ella, ya que no sabía que habría sido la sirena quien le salvara; así que, sintió tanta tristeza que cuando llevaron al gran edificio al principe se sumergió apesadumbrada y se dirigió al palacio de su padre.

Toda la vida había sido tranquila y pensativa, pero ahora se hizo mucho más. Las hermanas le preguntaron qué había visto aquella primera vez en la superficie, pero ella dio la callada por respuesta.

Muchas mañanas y tardes salía a la superficie, allí donde había dejado al príncipe. Vio cómo las frutas del jardín maduraban y las recogían, vio cómo la nieve se derretía en las altas montañas, pero no vio al príncipe, por lo que se volvía siempre más triste. Su único consuelo era sentarse en el pequeño jardín y abrazar la preciosa estatua de mármol que se parecía al príncipe, pero abandonó las flores, que crecían como un matorral, cubrían los senderos y entrelazaban sus largos tallos y hojas en las ramas de los árboles, haciendo más sombría su vivienda.

Al final no pudo contenerse más y se lo dijo a una de sus hermanas, con lo que enseguida lo supieron todas las otras, pero nadie más, salvo un par de sirenas, que sólo se lo contaron a sus amigas más íntimas. Una de ellas conocía al príncipe, había presenciado la fiesta en el barco, conocía su procedencia y dónde se encontraba su reino.

—¡Ven, hermanita!—dijeron las otras princesas y, enlazadas, subieron en una larga fila frente a donde sabían se encontraba el palacio del príncipe.

Se hallaba construido de una brillante piedra amarilla, con enormes escaleras de mármol, una de las cuales bajaba hasta el mar. magníficas cúpulas doradas se alzaban sobre el techo y entre las columnas que rodeaban todo el edificio se disponían esculturas de mármol que parecían vivas. A través del claro cristal de los altos ventanales se veían los más lujosos salones, en los que colgaban costosas cortinas de seda y alfombras, y todos los muros estaban adornados con grandes pinturas que era un placer contemplar. En medio del gran salón brotaba un alto surtidor, sus chorros se alzaban hacia la cúpula de cristal, a través de la cual el sol brillaba en el agua y las bellísimas plantas que surgían de el gran estanque.

En cuanto supo dónde vivía el príncipe, venía muchas tardes y noches a través del mar; nadaba mucho más cerca de la orilla de lo que ninguna de las otras se había atrevido, hasta llegó a asomarse al pequeño canal, bajo el magnífico balcón de mármol que proyectaba una larga sombra sobre el agua. Allí se sentaba y contemplaba al joven príncipe, que creía estar a solas bajo la limpia luz de la luna.

Le observó muchas tardes navegar con música en el magnífico barco, en el que ondeaban banderas, espiaba entre los verdes juncos y recibía el viento en su largo velo blanco como la plata y de haberla descubierto alguien hubiera pensado que era un cisne que alzaba las alas.

Oyó muchas noches, cuando los pescadores salían al mar con antorchas, cómo hablaban ensalzando al joven príncipe, y se alegraba de haberle salvado la vida, cuando medio muerto le transportó sobre las olas y pensó cómo había descansado su cabeza sobre el pecho de ella y con qué ternura le había besado, nada sabía él de todo aquello y no podía soñar con ella.

Días tras día, amaba más a los humanos, cada vez deseaba más encontrarse entre ellos; pensaba que su mundo era mucho mayor que el de ella; podían cruzar el océano con sus barcos, alzarse sobre las altas montañas más allá de las nubes, y sus tierras se extendían, con bosques y praderas, más allá de lo que podía divisar ella. Era mucho lo que quería conocer, pero las hermanas no podían contestar a todo, por lo que preguntó a la vieja abuela, y ella conocía bien el mundo de arriba, como con mucha exactitud llamaba a las tierras por encima del mar.

Si los hombres no se ahogan —preguntó la sirenita—, ¿viven siempre, no se mueren, como nosotros aquí en el mar?

—¡Sí! —dijo la anciana—. También mueren y su vida es incluso más breve que la nuestra. Nosotros podemos vivir hasta trescientos años, pero cuando dejamos de existir nos convertimos en espuma sobre el mar, no tenemos ní tan sólo una tumba junto a los que amamos. ¡No tenemos alma inmortal, ni otra vida, somos como el junco verde, que una vez se corta no crece más! ¡Los humanos poseen al contrario un alma, que vive por siempre, vive después que el cuerpo se ha vuelto tierra; se eleva por el aire límpido hasta las brillantes estrellas! Tal como nos elevamos del mar y contemplamos las tierras de los hombres, así se elevan ellos hasta parajes deliciosos y desconocidos que nosotros nunca veremos.

—¿Por qué no tenemos un alma inmortal? –preguntó muy triste la sirenita—. ¡Daría todos los cientos de años que he de vivir por ser humano un solo día y ser parte después del mundo celeste!

—¡Ni se te ocurra! —dijo la anciana—. ¡Somos más felices y afortunados que los humanos allá arriba!

—¡Deberé entonces morir y flotar como espuma sobre el mar, sin oír la música de las olas, ver las preciosas flores y el cálido sol! ¿No puedo hacer nada para tener un alma inmortal?

—¡No! —contestó la anciana—. Únicamente si un hombre te amase tanto que fueses para él más que padre y madre,, si él con todos sus pensamientos y amor se uniera contigo y el sacerdote pusiera la mano derecha de él sobre la tuya en promesa de fidelidad aquí y por siempre, volaría su alma a tu cuerpo y obtendrías parte de la felicidad humana. El te daría un alma conservando la suya. ¡Pero esto no ocurrirá jamás! Precisamente lo que es un encanto aquí en el mar, tu cola de pez, resulta repugnante allá en la tierra, ¡no creen mejor cosa que es necesario tener dos zajios apoyos, que denominan piernas, para ser hermosos!

La sirenita suspiro y miro triste su cola de pez.

Fuera penas —dijo la anciana—. Saltemos y brinquemos estos trescientos años que hemos de vivir; es, por cierto, bastante tiempo, ya descansaremos y nos aburriremos después en el sepulcro. ¡Esta noche tendremos baile en la corte!

Lujo parecido no se ve en la tierra. Muros y techos en el gran salón de baile eran de cristal, grueso pero transparente. Cientos de conchas gigantescas, rosadas y verdes, se elevaban en fila a cada lado con una llama brillante y azul que iluminaba todo el salón y brillaba a través de los muros, de forma que el mar en torno estaba incandescente; podían observarse innumerables peces, grandes y pequeños, que nadaban hacia las paredes de cristal, de algunos brillaban las escamas escarlata, en otros semejaban de plata y oro. Por medio del salón se deslizaba un rápido y ancho arroyo y en él bailaban tritones y sirenas al compás de sus melodiosas canciones. Voces tan hermosas no tienen los humanos en la tierra. La sirenita cantó de forma más atractiva que nadie, y le aplaudieron y por un momento sintió gozo en su corazón, porque sabía que tenía la voz más bella en la tierra y en el mar. Pero pronto tornó a pensar en el mundo por encima de ella; no podía olvidar al hermoso príncipe y su tristeza por no tener, como él, un alma inmortal. Por ello salió sin ser vista del palacio de su padre, y mientras dentro todo era canto y alegría, se sentó tristemente en su jardincillo. Entonces oyó resonar la trompa de caza a través del agua y pensó:

En estos momentos seguro que surcar el mar allá arriba aquel a quien quiero más que a padre y a madre, aquel al que van todos mis pensamientos y en cuya mano pondría la suerte de mi vida. ¡A todo me atrevería con tal de hacerme con él y con un alma inmortal! ¡Mientras mis hermanas bailan allá dentro en el palacio de mi padre, iré a hacer una vista a la bruja del mar, a la que siempre he tenido tanto miedo, pero quizá pueda ofrecerme consejo y ayuda!

Dicho y hecho, momentos abandonó la sirenita su jardín y se dirigió al estruendoso remolino detrás del cual poseía su morada la bruja. Jamás había ido ella por aquel camino, ninguna flor crecía allí, ninguna planta marina, unicamente el fondo de arena, desnudo y gris, se extendía hasta los remolinos que, como estridente rueda de molino, giraban y arrastraban cuanto hacían presa hacia el abismo; tenía que atravesar estos violentos remolinos para alcanzar los dominios de la bruja del mar y no había durante un largo trecho ningún otro camino más que el fango caliente y burbujeante que la bruja llamaba su turbera. Pero allá se encontraba su casa en medio de un bosque tan horrible. Todos los árboles y arbustos eran pólipos, mitad animales y mitad plantas, que asemejaban serpientes de cien cabezas que surgían de la tierra; las ramas eran brazos largos y viscosos, con dedos como dúctiles gusanos" y todas sus articulaciones se movían desde la raíz hasta la punta más distante. Se abrazaban a cuanto podían atrapar en el agua y no lo soltaban nunca. La sirenita se llenó de espanto al aproximarse; su corazón palpitaba de terror, a punto estuvo de regresar, pero pensó en el príncipe y en el alma humana, y así le volvió el valor. Fijó su largo pelo ondeante alrededor de la cabeza, para que los pólipos no la agarrasen por él, juntó las manos sobre el pecho y se lanzó velocísimamente por el agua, a través de los repugnantes pólipos que alargaban sus flexibles brazos y dedos hacia ella. Vio que cuando alguno de ellos había hecho presa en algo, cien pequeños brazos lo apresaban, como fuertes flejes de hierro. Los náufragos que habían caído hasta allí asomaban como esqueletos blancos en brazos de los pólipos. Apresaban timones de barcos y cofres, esqueletos de animales terrestres y una pequeña sirena que habían atrapado y estrangulado, que era lo más terrible.

Entonces alcanzó a un claro amplio y fangoso en el bosque, en el que grandes, gruesas culebras marinas se movían mostrando su repugnante y amarillento vientre. En medio del claro se erguía una casa construida con huesos de náufragos; allí se hallaba sentada la bruja del mar y dejaba que un sapo comiera de su boca, como los hombres se ponen un terrón de azúcar en la boca para que lo pique un canario. A las horribles, gruesas culebras las llamaba sus pollitos y las dejaba revolverse sobre su gran pecho viscoso.

—¡Ya sé que deseas! –le grito la bruja del mar—. ¡Bien necia eres! De todas formas, tendrás lo que deseas, porque te traerá desgracia, encantadora princesa. ¡Deseas perder tu cola de pez v en vez de ella tener dos soportes para andar como los humanos, para que el joven príncipe se enamore de ti y puedas ganarle a él y un alma inmortal!

Con esto lanzó la bruja una carcajada tan espantosa y repulsiva, que el sapo y las culebras cayeron al suelo y se retorcieron en él.

Llegas justo a tiempo —mascullò la bruja—. Mañana, al amanecer, no podría ayudarte hasta que pasase un año, te prepararé una poción, pero antes de que salga el sol, debes nadar hasta la tierra, sentarte en la orilla y beberla, entonces se dividirá tu cola y quedará reducida a lo que los hombres llaman preciosas piernas, pero te dolerá como si una aguda espada te atravesase. ¡Todos exclamarán al verte que eres la criatura humana más bonita que han visto! Conservarás tu andar ondulante, ninguna bailarina sabrá moverse como tú, pero cada paso que des será como si lo hicieses sobre un afilado cuchillo, de forma que te manará la sangre a lo largo de tu cuerpo. Si estás conforme con todo esto, te ayudaré.

—¡Sí! —contestó la sirenita con voz temblorosa y pensó en el príncipe y en conseguir un alma inmortal.

—¡Pero recuerda—dijo la bruja—que una vez que tengas forma humana, no podrás nunca volver a ser una sirena! jamás podrás volver por el agua a tus hermanas ni al palacio de tu padre, y si no obtienes el amor del príncipe, de modo que por ti olvide padre y madre, se te entregue a ti por completo y haga que el sacerdote enlace vuestras manos, de forma que os convirtáis en marido y mujer, no conseguirás un alma inmortal. Si se casa con otra,, a la mañana siguiente se romperá tu corazón y te convertirás en espuma de mar.

—¡Lo haré! —dijo la sirenita, pálida como si ya no fuera de este mundo.

—¡Pero tienes que pagarme! —dijo la bruja—. Y no es poco lo que pido. Tienes la voz más hermosa de todas las del fondo del mar, con ella esperas fascinar al príncipe, pero debes dármela. ¡Tendré lo mejor que posees a cambio de mi preciosa bebida! He de regalarte con mi propia sangre en ella, para que sea tan áspera como una espada de doble filo.

Pero si me arrebatas la voz —preguntó la sirenita—, ¿qué me quedará?

Tu deliciosa figura —dijo la bruja—, tu paso cimbreante y tus ojos expresivos, con ellos puedes de sobra conquistar un corazón humano. ¿Qué, has perdido el valor? ¡Saca tu lenguecita, para que la cercene en pago, y tendrás la potente pócima!

—¡Así sea! —dijo la sirenita y la bruja puso su caldero para hervir el brebaje mágico.

—¡Limpieza ante todo! —gritó y fregó el caldero con las culebras que había atado en ovillo; después se cortó el pecho para que gotease su sangre negra, el humo levantó las formas más fantásticas, que causaban horror y miedo. A cada instante echaba la bruja nuevas cosas en el caldero, y cuando coció, era como si llorase un cocodrilo. Al fin el brebaje estuvo a punto, brillaba como el agua más pura.

—¡Aquí está! —dijo la bruja y le cortó la lengua a la sirenita, por lo que quedó muda, sin poder cantar ni hablar.

Si los pólipos te atrapan cuando atravieses de regreso mi bosque —dijo la bruja—, con sólo que les eches una gota de esta pócima, brazos y dedos se les quebrarán en mil pedazos.

Pero a la sirenita no le fue preciso usar de ella, los pólipos se retiraron atemorizados cuando vieron el resplandeciente líquido que brillaba en su mano como si se tratara de una estrella centelleante. Así pudo salir pronto a través del bosque, el pantano y el estrepitoso remolino.

Podía observar el palacio de su padre; las antorchas se habían apagado en el gran salón de baile; sin duda dormían todos dentro, pero no se atrevió a buscarlos, ahora era muda y se alejaría para siempre de ellos. Era como si su corazón fuese a estallar de dolor. Se deslizó al jardín, tomó una flor de cada uno de los macizos de sus hermanas, envió con los dedos mil besos hacia el palacio y ascendió a través del mar de azul profundo.

El sol todavía no había asomado cuando alcanzó el palacio del príncipe y subió la espléndida escalinata de mármol. La luna brillaba con deliciosa claridad. La sirenita bebió el ardiente brebaje y sucedió como si una espada de dos filos atravesase su delicado cuerpo, por lo que se desmayó y quedó tendida como inerte. Despertó cuando el sol brillaba sobre el mar y sintió un tremendo dolor, pero ante ella se encontraba el joven príncipe encantador, fijos en ella sus ojos negros como el carbón, por lo que ella bajó los suyos y percibió que su cola había desaparecido y tenía las piernas más deliciosamente pequeñas y blancas que pudiera tener cualquier muchachita, pero estaba por completo desnuda, por lo que se cubrió con su largo y abundante cabello. El príncipe preguntó quién era y cómo había llegado allí, y ella le miró con dulzura, aunque con tristeza, con sus ojos de azul intenso, ya que no podía hablar. Entonces la cogió de la mano delicadamente y la llevó al palacio. Cada paso que daba era, según la bruja le había advertido como si pisase sobre agudos punzones y cuchillos afilados, pero lo sufría sin importarle; de la mano del príncipe subió tan ligera como una burbuja, y tanto él como los demás se maravillaron de su ondulante y delicioso caminar.

Tuvo preciosos vestidos de seda y muselina, era la más bella del palacio, aunque fuese muda, no podía cantar ni hablar. preciosas sirvientes, vestidas de seda y oro, salieron a cantar para el príncipe y sus reales padres; una cantó con mayor belleza que las otras y el príncipe aplaudió y la sonrió, lo que puso de mal humor a la sirenita, que sabía que ella cantaba mucho mejor; pensó:

Si supiera que para estar con él he renunciado a mi voz para la eternidad.

Luego las sirvientas bailaron encantadoras, ondulantes danzas al son de la más dulce de las músicas, entonces alzó la sirenita sus hermosos brazos blancos, se levantó sobre la punta de los pies y dirigiéndose con cimbreante paso a la pista, bailó como nadie había bailado hasta entonces, con cada movimiento se hacia su belleza más evidente y sus ojos hablaban con mayor profundidad al corazón que el canto de las damas de honor.

Todos se hallaban entusiasmados, sobre todo el príncipe, que la llamaba su niña abandonada, y ella bailó más y más, a pesar de que cada vez que su pie rozaba el suelo era como si pisase afilados cuchillos. El príncipe dijo que debía quedarse con él y consiguió permiso para dormir ante su puerta en un cojín de terciopelo.

Mandó que le confeccionaran un traje de hombre, para que le siguiera a caballo. Cabalgaban por los espesos bosques, donde las ramas verdes la rozaban los hombros y los pajarillos cantaban en las hojas jóvenes.

Trepaba con el príncipe a las altas montañas y aunque sus hermosos pies sangraban, de forma que los demás podían observarlo, le seguía riendo, hasta que veían las nubes flotar bajo ellos, como una bandada de pájaros que emigrasen a tierras lejanas.

De regreso al palacio del príncipe, cuando todos descansaban por la noche, salía a la ancha escalera de mármol para refrescar sus ardientes pies metiéndolos en el agua fría del mar y entonces pensaba en los que estaban en el abismo.

Una noche vinieron sus hermanas enlazadas del brazo, cantando tristemente cuando nadaban sobre el mar y ella las hizo una seña, y la reconocieron y contaron el dolor que les había causado a todos. A partir de entonces, la visitaron todas las noches y una de ellas vio, a lo lejos, a la vieja abuela, que durante muchos años no había salido del agua, y al rey del mar, con su corona en la cabeza; tendían las manos hacia ella, pero no osaron a acercarse tanto como las hermanas.

Día a día crecía el amor del príncipe hacia ella, la quería como se quiere a un niño bueno, pero no se le pasaba por la cabeza hacerla su reina y si no era su mujer, no conseguiría un alma inmortal, sino que se convertiría en espuma de mar la mañana de su boda.

—¿Me quieres más que a ninguna? —parecían decir los ojos de la sirenita, cuando él la tomaba en sus brazos y besaba su bella frente.

Sí, tú eres la que más quiero —decía el príncipe— porque tienes el mejor corazón de todas, tú eres la que más me quiere, y te pareces a una muchacha que vi en cierta ocasión, pero que probablemente nunca encontraré. Iba yo en un barco que naufragó, las olas me arrastraron a tierra hasta un templo sagrado, donde servían varias muchachas, la más joven me encontró en la orilla y salvó mi vida, la vi sólo dos veces, era la única que podría amar en este mundo, pero tú te pareces a ella, tú casi sustituyes su imagen en mi alma; ella pertenece al templo y por eso la fortuna me ha enviado a ¿i, ¡nunca nos separaremos!

—¡Ay, no sabe que fui yo quien le salvó la vida! —pensó la sirenita—. Yo le llevé sobre el mar hasta el bosque., donde se encuentra el templo, me senté en la espuma para observar si venía alguien. ¡Yo vi a la hermosa muchacha a la que quiere más que a mí!

Y la sirena suspiró hondamente, no podía llorar.

—¡Ha dicho que la muchacha pertenece al templo, nunca sale al mundo, no se verán nunca, yo estoy con él, le veo a diario, le serviré, le amaré, le sacrificaré mi vida!

Pero se rumoreaba que el príncipe iba a casarse y a casarse con la preciosa hija del rey vecino, por eso aprestaba un navío de forma tan espléndida. Se decía que el príncipe viajaba para visitar las tierras del rey vecino, pero era para conocer a la hija del rey, un largo séquito le acompañaría; pero la sirenita movía la cabeza y reza; conocía mucho mejor los pensamientos del príncipe que los demás.

—¡Tengo que salir de viaje! —le había dicho—. Mis padres ordenan que vea a la hermosa princesa, pero no me obligan a que la traiga como prometida; ¡yo no puedo quererla!, no se parece a la hermosa muchacha del templo como tú te pareces; ¡si eligiera alguna vez esposa serías tú, mi mudita abandonada de ojos que hablan!

Y besaba su roja boca, jugaba con su largo cabello y reposaba la cabeza sobre el corazón de ella, que soñaba con la felicidad humana y un alma inmortal.

—¡No te asusta el mar, mudita mía! —dijo cuando se encontraron en el espléndido navío que debía llevarle a las tierras del rey vecino; y le habló de la tempestad y de la calma, de los raros peces de los abismos y lo que los buzos habían visto y ella sonreía al oír su narración, pues quién iba a saber mejor que ella lo que ocurría en el fondo del mar.

En la noche de luna, cuando todos dormían, salvo el piloto que estaba al timón, se sentó en la borda del navío y miró al agua transparente y le pareció ver el palacio de su padre; allá en lo alto se encontraba la vieja abuela con la corona de plata en la cabeza y miraba a través de las revueltas corrientes hacia la quilla del barco. Entonces asomaron sus hermanas sobre el mar, la contemplaron tristemente y retorcieron sus blancas manos, ella les hizo una seña, sonrió y les hubiera contado todo lo bueno y afortunado que le había ocurrido, pero se acercó el grumete, y las hermanas se sumergieron, por lo que llegó a creer que lo blanco que había visto era espuma del mar.

A la mañana siguiente entró el barco en el puerto de la espléndida capital del rey vecino. Repicaban todas las campanas y de las altas torres resonaron las trompetas, mientras los soldados estaban firmes con banderas al viento y brillantes bayonetas. Cada día era una fiesta. Se sucedían bailes y recepciones, pero la princesa no aparecía, continuaba su educación en el templo sagrado, decían, donde aprendía todas las virtudes reales. Por fin llego.

La sirenita esperaba con impaciencia ver su belleza y tuvo que reconocer que jamás había visto figura más bella. La piel era tan delicada y clara y tras largas pestañas negras sonreía un par de sinceros ojos color azul oscuro.

—¡Eres tú! —dijo el príncipe—. ¡Tú, la que me salvaste cuando yacía como un muerto en la playa!

Y estrechó a su ruborizada novia en sus brazos

—¡Oh, soy demasiado feliz! —le dijo a la sirenita—. Lo que nunca me he atrevido a esperar, se ha cumplido para mí. ¡Te alegrarás de mi suerte., puesto que eres la que más me quiere!

Y la sirenita le besó la mano y le pareció que su corazón se quebraba. La mañana de sus bodas significaría la muerte para ella y la convertiría en espuma de mar.

Repicaron todas las campanas, los heraldos cabalgaron por las calles pregonando el compromiso. En todos los altares ardían óleos perfumados en ricas lámparas de plata. Los sacerdotes movían los incensarios y la novia y el novio, unidas sus manos, recibieron la bendición del obispo. La sirenita vestía de seda y oro y llevaba la cola de la novia, pero sus oídos no oían la alegre música, sus ojos no veían la sagrada ceremonia, pensaba en la noche de su muerte, en todo lo que había perdido en este mundo.

Aquella misma tarde subieron los novios al barco, los cañones dispararon, ondearon todas las banderas y en medio del navío se alzó una tienda real de oro y púrpura y con los más bellos cojines donde pudieran reposar los novios en la noche tranquila y fresca.

El viento infló las velas y el barco se deslizó sin grandes movimientos por el mar transparente.

Al anochecer se encendieron lámparas multicolores y los marineros bailaron alegres danzas sobre la cubierta. La sirenita hubo de pensar en la primera vez en que salió del mar y vio la misma fiesta y alegría, y se lanzó al torbellino de la danza, deslizándose como se desliza la golondrina cuando es perseguida, y todos aplaudieron su maestría, nunca había bailado ella tan maravillosamente; se clavaban como afilados cuchillos en sus delicados pies, pero ella no lo sentía; se le desgarraba con mayor dolor el corazón. Sabía que era la última noche que le veía, aquel por quien había abandonado familia y hogar, perdido su voz encantadora y sufrido a diario incesantes dolores, sin que él se diera cuenta. Era la última noche en que respiraba el mismo aire que él, veía el mar profundo y el cielo azul y estrellado; una noche eterna sin pensamiento ni sueño la esperaba, a ella que no tenía alma ni podía obtenerla. Y todo era regocijo y alegría en el barco hasta pasada la medianoche, ella rió y bailó con el pensamiento de la muerte en su corazón. El príncipe besó a su preciosa novia y ella jugueteó con su pelo negro y prendidos del brazo se dirigieron a descansar en la espléndida tienda.

El barco quedó en silencio y paz, sólo el piloto junto al timón, la sirenita puso sus blancos brazos sobre la borda y buscó la claridad de la aurora en el oriente, sabía que los primeros rayos de sol le darían la muerte. Entonces vio cómo salían sus hermanas del mar, pálidas, como ella; su largo, hermoso cabello no flotaba al viento, lo tenían cortado.

—¡Se lo hemos dado a la bruja para que impida que mueras esta noche! ¡Nos ha dado un cuchillo, aquí está, mira qué afilado! Antes de que asome el sol, debes clavárselo al príncipe en el corazón, y cuando su sangre caliente salpique tus pies, se convertirán en cola de pez y volverás a ser una sirena, podrás lanzarte al mar con nosotras y vivir tus trescientos años antes de convertirte en espuma de mar, salada y muerta. ¡Apresúrate! ¡El o tú debéis morir antes de que salga el sol! Nuestra vieja abuela sufre tanto por ti que ha perdido sus cabellos blancos, como los nuestros cayeron bajo la tijera de la bruja. ¡Da muerte al príncipe y vuelve! Apresúrate, ¿ves la franja roja en el cielo? Dentro de unos minutos saldrá el sol y entonces morirás.

Y dando un suspiro extraño, profundo, se sumergieron en las olas.

La sirenita alzó el tapiz de púrpura que cubría la tienda y vio a la encantadora novia dormir con la cabeza sobre el pecho del príncipe, e inclinándose, le besó la hermosa frente, miró el cielo, donde la aurora se hacía cada vez más clara, miró el afilado cuchillo y fijó de nuevo los ojos en el príncipe, quien en sueños pronunciaba el nombre de su novia, sólo ella ocupaba sus pensamientos, y el puñal tembló en la mano de la sirena—pero entonces lo arrojó de sí a las olas, que brillaron enrojecidas allí donde cayó, como si desprendiese gotas de sangre en el agua. Una vez más miró con ojos de agonía al príncipe, se arrojó del barco al mar y sintió cómo su cuerpo se convertía en espuma.

Entonces asomó el sol sobre el mar, los rayos caían suaves y tibios sobre la espuma fría y muerta y la sirenita no sintió la muerte, vio el resplandenciente sol, y por encima de ella se movían cientos de diáfanas, encantadoras criaturas; a través de ellas acertaba a divisar las blancas vela del barco y los rosados tonos del cielo, su voz era pura música, pero tan espiritual que ningún oído humano podía percibirla al igual que ningún ojo terrestre podía verlas; sin alas fluctuaban por su propia levedad a través del aire. La sirenita vio que poseía un cuerpo como ellas, que se elevaba cada vez más de la espuma.

—¿Hacia quién voy?—dijo, y su voz resonó como la de las otras criaturas, tan espiritual que ninguna música terrestre podría imitarla.

—¡A las hijas del aire! —contestaron—. ¡La sirena no tiene alma inmortal, nunca la tendrá sin ganar el amor de un hombre!, de un poder ajeno depende su eterna existencia. Las hijas del aire tampoco tienen alma inmortal, pero pueden con buenas acciones hacerse con una. Volamos a los países cálidos, en los que el tibio aire pestífero mata a los hombres; nosotros lo enfriamos con nuestro soplo. Esparcimos el aroma de las flores por el aire y damos consuelo y curación. Cuando al cabo de trescientos años nos hemos esforzado en hacer el bien, podemos conseguir un

alma inmortal y participar de la eterna felicidad de los hombres. Tú, pobre sirenita, te has esforzado con todo tu corazón en lo mismo que nosotras, tú has sufrido y resistido, te has elevado al mundo de los espíritus del aire, ahora puedes, gracias a las buenas acciones, hacerte con un alma inmortal en trescientos años.

Y la sirenita alzó sus bellos brazos al sol del Señor y por primera vez sintió lágrimas en sus ojos. En el barco volvía a haber ruido y animación, vio cómo el príncipe y su hermosa novia la buscaban, contemplaban tristemente la agitada espuma, como si supieran que se había arrojado a las olas. Sin ser vista, besó la frente del novio, le sonrió y se elevó con las otras criaturas del aire a la nube rosada que flotaba en el cielo.

—¡Dentro de trescientos años volaremos así al reino de Dios!

—¡También podemos ir antes! —susurró una—. Volamos sin ser vistas a las casas de los hombres, donde hay niños, y por cada día que encontramos un niño bueno, que sea la alegría de sus padres y merezca su amor, disminuye Dios nuestro tiempo de prueba. ¡El niño no sabe que cuando volamos por la sala, y le sonreímos con alegría, se reduce un año de nuestros trescientos, pero si vemos un niño díscolo y malo, entonces lloramos lágrimas de dolor y cada lágrima suma un día a nuestra prueba!

La Reina de las Nieves

Primera historia, que trata del espejo y sus pedazos

¡Venga, vamos a empezar! Cuando hayamos dado fin a la historia sabremos más de lo que sabemos ahora, porque era un duende malo, era uno de los peores, era el Diablo. Un día estaba de buenísimo humor, porque había fabricado un espejo que tenía la propiedad de que cuanto bueno y hermoso se reflejaba en él, se desvanecía hasta quedar reducido a casi nada, mientras que cuanto era inútil y feo, lo aumentaba y volvía peor. Los paisajes más amenos, aparecían como espinaca cocida, y los individuos más honestos resultaban repulsivos, o se mantenían sobre la cabeza sin estómago, los rostros resultaban tan desfigurados, que nadie podía reconocerlos y si se tenía una peca, de seguro que aparecía como cubriéndole la nariz y la boca. Era divertidísimo, dijo el diablo. Cualquier buen pensamiento quedaba reflejado en el espejo como una mueca, con lo que el duende se partía de risa con su artístico invento. Todos los que asistan a la escuela de los duendes, porque él tenía una escuela para duendes, fueron diciendo que había ocurrido un milagro; por fin podía verse, decían, la verdadera apariencia del mundo y de los hombres. Corrieron por todas partes con el espejo y al final no quedó un país ni un hombre que no hubiese sido desfigurado por él. Entonces se les ocurrió volar hasta el cielo, para burlarse de los ángeles y de Nuestro Señor. Bueno, cuanto más alto volaban con el espejo, más violentas eran las muecas

que hacía, hasta el punto que casi no podían sostenerlo; volaron cada vez más alto, más cerca de Dios y de los ángeles; entonces el espejo se estremeció con tanta fuerza en su risa, que se les escapó de las manos v fue a estrellarse contra la tierra, donde se hizo ciento de millones, billones y aun más pedazos, lo que fue aun peor que antes; porque algunos no llegaban a ser como un grano de arena y éstos se esparcieron por el ancho mundo, y cuando les entraban a las gentes en los ojos, allí quedaban, y entonces lo veían todo torcido, o sólo veían lo malo de las cosas, porque cada partícula conservaba algo del poder que habia tenido el espejo; a algunos les entró una pequeña esquirla en el corazón, lo que fue horroroso, porque el corazón se les convirtió en un bloque de hielo. Algunos trozos del espejo eran tan grandes que sirvieron de cristales de ventana, pero más valía no mirar a nuestros amigos a través de ellos; otros trozos fueron usados como anteojos, lo que fue un desastre cuando la gente se los ponía para ver bien las cosas y obrar con justicia; el duende malo reventaba de risa, de tal forma le divertía. Pero aun volaban diminutos trozos de cristal por el aire. ¡Vais a ver!

Segunda historia: Un niño y una niña

En la gran ciudad, donde hay tantas casas y tantas gentes, que no queda espacio para que todos tengan un pequeño jardín, y donde por lo tanto la mayor parte ha de contentarse con tener flores en tiestos, había sin embargo dos niños pobres que tenían un jardín algo mayor que un tiesto. No eran hermanos, pero se querían igual que si lo fuesen. Sus padres vivían enfrente unos de otros; en dos guardillas; allí donde el tejado de una casa vecina se enfrentaba al de la otra y el canalón corría paralelo a los aleros, había una ventanita en cada casa; sólo bastaba ponerse a horcajadas sobre el canalón para pasar de una ventana a la otra.

Sus padres tenían fuera una gran caja de madera y en ella crecían hierbas para uso de la cocina, y un pequeño rosal, había uno en cada caja; crecían que era una bendición. Los padres acertaron a colocar las cajas a través del canalón, que casi se tocaban de ventana a ventana y parecían como una rosaleda de verdad. Los guisantes de olor colgaban de las jardineras y los rosales producían largas ramas, trepaban por las ventanas, se apoyaban uno en otro; era casi como un arco triunfal de verde y flores. Como las jardineras crecieron mucho y los niños sabían que no debían trepar por ellas, obtuvieron permiso para reunirse, sentarse en sus pequeñas banquetas bajo las rosas, y allí jugaban estupendamente.

Claro que durante el invierno se acababa la diversión. Las ventanas se cubrían por completo de hielo, pero calentaban una moneda de cobre en la estufa, ponían la moneda caliente en el vidrio helado y se formaba una graciosa ventanita, muy redonda, muy redonda; detrás asomaba un ojo lleno de gracia, uno en cada ventana; eran el niño y la niña. El se llamaba Kay y ella Gerda. En verano podían con un salto reunirse, en invierno tenían que bajar muchos escalones y subir muchos escalones; fuera el viento arrastraba la nieve.

—¡Son las abejas blancas, que van de enjambre!—decía la vieja abuela.

—¿Tienen también una reina? —preguntó el niño, porque sabía que las abejas de verdad la tenían.

—¡Sí que la tienen!—dijo la abuela—. ¡Vuela donde el enjambre es más espeso!, es mayor que las demás y nunca se posa sobre la tierra, vuelve a volar hacia el cielo sombrío.

Muchas noches de invierno vuela por las calles de la ciudad y mira por las ventanas y las cubre con un hielo precioso, como si fuera con flores.

—¡Sí, lo he visto! —dijeron los niños, y así sabían que era cierto.

—¿Puede venir aquí la reina de las nieves? —preguntó la niña.

Que venga —dijo el niño— y la pongo en la estufa encendida, para que se derrita.

Pero la abuela le alisó el pelo y contó otros cuentos.

Por la noche, cuando el pequeño Kay estaba en casa a medio vestir, se subió a las sillas junto a la ventana y miró por el agujerito; un par de copos de nieve cayeron fuera, y uno de ellos, el más grande, quedó sobre el borde de una de las jardineras; el copo creció y creció, hasta convertirse en una verdadera señora, vestida con el velo más delicado y más blanco, que parecía compuesto por millones de copos estrellados. Era sumamente hermosa y delicada, pero de centelleante hielo aunque estaba viva; los ojos resplandecían como dos brillantes estrellas, pero no había sosiego ni reposo en ellos. Hacía gestos a la ventana con la cabeza y señalaba con la mano. Al niño le entró miedo y se bajó de la silla; era como si hubiera pasado un pájaro gigantesco por delante de la ventana.

Al día siguiente cayó una helada—y vino el deshielo, y la primavera, brillaba el sol, comenzaron a asomar las hojas, las golondrinas construyeron sus nidos, se abrieron les ventanas y los pequeños se sentaron de nuevo en su jardincillo allá arriba en el canalón, sobre todos los tejados.

Las rosas florecieron espléndidamente aquel verano, la niña se había aprendido un salmo que hablaba de rosas y por eso pensó en las suyas; se lo cantó al niño, y lo cantaron juntos:

¡Las rosas florecen en el valle,
Allí encontraremos al Niño Jesús!

Y los pequeños se cogían de la mano, besaban las rosas y miraban al dulce sol del Señor y hablaban como si el Niño Jesús estuviese allí. Qué agradables eran los días del verano, qué delicia estar al aire libre junto a los fragantes rosales que parecían no cansarse nunca de dar flores

Kay y Gerda estaban sentados mirando el libro de estampas que tenía bichos y pájaros, cuando el reloj dio las cinco en punto en la gran torre de la iglesia, y Kay dijo:

—¡Ay! ¡Siento una punzada en el corazón y algo tengo en el ojo!

La niña le tomó por el cuello; guiñaba los ojos: no, no se veía nada.

—¡Me parece que se ha ido! —dijo él; pero no se había ido. Era ni más ni menos que uno de esos granos de cristal en que se había roto el espejo de los duendes, según sabemos, el horrible espejo que hacía que cuanto grande y bueno se reflejaba en él, se convirtiese en mezquino y feo, pero lo malo y vulgar permanecía igual y todos los defectos de las cosas se notaban en seguida. Al pobre Kay también le había entrado una esquirla en el corazón. Pronto se le convertiría en un bloque de hielo. Ya no le dolía, pero allí estaba.

—¿Por qué lloras? —preguntó—. ¡Te pones muy fea! Si no tengo nada. ¡Huy! —gritó al momento—,esa rosa está comida por un gusano!, y mira: aquella otra está torcida. La verdad es que son unas rosas feísimas. Tan feas como las jardineras en que crecen —y golpeando la jardinera con el pie, arrancó las dos rosas.

Kay, ¿qué haces? —gritó la niña; y al verla asustada, arrancó otra rosa y corrió a su ventana, alejándose de la dulce Gerda.

Más tarde, cuando ella trajo el libro de estampas, él dijo que era para niños de pecho; y si la abuela contaba cuentos, siempre se le ocurría un pero u otro —e incluso, en cuanto podía, se colocaba a espaldas de ella; se ponía las gafas y hablaba como ella; la imitación era tan perfecta, que hacía reír a la gente. También podía imitar el modo de hablar y de andar de todos los vecinos de la calle. Kay sabía imitar todo lo que en ellos había de raro y feo, y la gente decía

—¡No hay duda que este chico tiene una gran cabeza!

Pero era el cristal que tenía en el ojo, el cristal que había entrado en su corazón, el mismo que hacía que se burlase de la pequeña Gerda, que le quería con toda su alma.

Sus juegos eran ahora totalmente diferentes a los de antes, eran sumamente razonables: un día de invierno, que nevaba, salió con una gran lupa, extendió una punta de su abrigo azul, para que los copos de nieve cayesen sobre él.

—¡Mira ahora por el cristal, Gerda —dijo, y los copos se hicieron muy grandes, como flores espléndidas o estrellas de diez puntas; eran preciosas.

—¡Mira qué artísticas —dijo Kay—, son mucho más interesantes que las flores de verdad, y no tienen el menor defecto, son perfectas, a no ser que derritan!

Poco después vino Kay con grandes guantes y su trineo al hombro; le dijo a Gerda, gritándole al oído:

—¡Tengo permiso para ir en trineo por la plaza, donde juegan los otros!—y se marchó.

En la plaza los chicos más atrevidos ataban sus trineos al carro de los labradores y así recorrían un gran trecho. Era estupendo. Cuando más animado estaba el juego, llegó un gran trineo, todo pintado de blanco, y el que conducía estaba envuelto en un peludo abrigo de piel blanca y con un gorro blanco y peludo; el trineo dio dos vueltas a la plaza y Kay le ató rápidamente su pequeño trineo y le siguió. Marchó cada vez con mayor rapidez por la calle próxima; el conductor volvió el rostro y saludó tan cordialmente a Kay que parecían conocerse; cada vez que Kay intentaba desatar su pequeño trineo, el desconocido le saludaba, con lo que Kay volvía a sentarse; así salieron por la puerta de la ciudad. Entonces comenzó a caer una nieve tan espesa que el niño no podía ver más allá de su nariz, aunque siguió adelante; soltó rápidamente la cuerda para librarse del gran trineo, pero no consiguió nada, su pequeño carruaje permaneció unido al otro y corría con la velocidad del viento. Gritó con todas sus fuerzas, mas nadie le oyó, y la nieve seguía cayendo y el trineo seguía su carrera; a veces daba un brinco, como si marchase sobre cunetas y cercas. Estaba muy asustado y hubiera dicho el Padrenuestro, pero sólo podía acordarse de la tabla de multiplicar.

Los copos de nieve se fueron haciendo cada vez más grandes, hasta llegar a parecer grandes gallinas blancas; de pronto saltaron a un lado; se paró el gran trineo y la persona que lo conducía se levantó, el abrigo y el gorro eran sólo nieve; era una señora muy alta y esbelta de resplandeciente blancura: la reina de las nieves.

Ha sido una buena carrera—dijo—,pero, ¿tienes frío? ¡Acurrúcate en mi piel de oso! —y le puso en el trineo junto a ella, le envolvió con la piel y sintió como si se hubiera hundido en un montón de nieve.

—¿Aún tienes frío? —preguntó, y entonces le besó en la frente. ¡Huy!, el beso era más frío que el hielo, fue derecho a su corazón, aunque este fuera ya a medias un bloque de hielo; sintió como si se muriese —pero tan sólo un instante, en seguida se encontró bien; ya no volvió a sentir frío.

—¡Mi trineo, no olvides mi trineo! —fue lo primero que recordó, y quedó atado a una de las gallinas blancas que les siguió volando con el trineo a su espalda. La reina de las nieves volvió a besar a Kay y entonces se olvidó de la pequeña Gerda, de la abuela y de todos los demás de su casa.

—¡No te besó más —dijo ella—, porque te mataría!

Kay la miró; era hermosísima; un rostro más inteligente y más hermoso no cabía imaginar; ahora no le pareció de hielo, como cuando se había sentado en la ventana y le hizo un gesto; a sus ojos era perfecta, no sentía miedo alguno, le dijo que sabía calcular mentalmente, incluso fracciones, las millas cuadradas del país y cuantos habitantes tenía y ella no dejaba de reír; entonces pensó que no era bastante lo que sabía y miró al espacio grande, grande, y ella voló con él, volaron por encima de la nube sombría, y la tormenta zumbaba y bramaba, como si cantase viejas canciones. Volaron sobre bosques y lagos, sobre mares y tierras; allá abajo zumbaba el viento helado, aullaban los lobos, centelleaba la nieve, por encima volaban los negros cuervos dando chillidos; pero arriba de todo lucía la luna enorme y límpida, y por ella vio Kay la larga, larga noche del invierno; de dia dormía a los pies de la reina de las nieves.

Tercera historia: El jardín de la mujer que sabía de magia

Pero, ¿qué fue de la pequeña Gerda cuando Kay no volvió? ¿Dónde podía estar? Nadie lo sabía, nadie podía dar razón. Los niños sólo contaron que le habían visto atar su pequeño trineo a otro, grande y espléndido que marchó por la calle y por la puerta de la ciudad. Nadie sabía dónde estaba, muchas lágrimas se derramaron, la pequeña Gerda lloraba profunda y largamente, porque decían que había muerto, que se había hundido en el río que corría junto a la ciudad; oh, qué largos, qué sombríos son los días del invierno.

Entonces llegó la primavera, con sol más caliente.

—¡Kay se fue, ha muerto! —dijo la pequeña Gerda.

—¡Yo creo que no! —dijo el sol.

—¡Se fue, ha muerto! —le dijo a las golondrinas.

—¡Yo creo que no! —contestaron, y al final tampoco lo creyó la pequeña Gerda.

—¡Me pondré mis zapatos nuevos, los rojos —dijo una mañana—. los que Kay no ha visto nunca, e iré al río a preguntárselo!

Y era muy temprano; besó a la vieja abuela, que dormía, se puso los zapatos rojos y salió solita por la puerta de la ciudad hasta el río.

—¿Es verdad que te has llevado a mi camarada de juegos? Te regalaré mis zapatos rojos si me lo devuelves.

Y le pareció que las olas le decían que sí de una forma muy rara; entonces se quitó los zapatos rojos, lo que más quería, y los tiró al río, pero cayeron cerca de la orilla y las pequeñas olas volvieron a traerlos al momento a tierra junto a ella, como si el río no quisiera llevarse lo más precioso que ella tenía, ahora que había perdido al pequeño Kay; pero pensó entonces que no había lanzado los zapatos lo bastante lejos, por lo que trepó a una barca que había entre los juncos, fue a su extremo y tiró los zapatos; la barca no estaba bien atada y con el movimiento que hizo ella, se soltó de la orilla; lo notó y se apresuró a salir, pero antes de que lo consiguiera, la barca se había alejado más de una vara y marchaba cada vez con mayor velocidad.

La pequeña Gerda se asustó mucho y comenzó a llorar, pero nadie la oía salvo los gorriones, que no podían llevarla a tierra, pero volaron junto a la orilla y cantaban como para consolarla:

—¡Aquí estamos, aquí estamos!

La barca seguía la corriente; la pequeña Gerda estaba sentada inmóvil en sus medias, los zapatitos rojos la seguían flotando, pero no podían alcanzar la barca, que cada vez iba más deprisa.

Las orillas eran encantadoras, flores preciosas, viejos árboles y laderas con ovejas y vacas, pero no se veía a nadie.

Quizá el río me lleve hasta el pequeño Kay —pensó Gerda, con lo que se puso más contenta, se levantó y contempló durante muchas horas las hermosas riberas verdes; de esta forma llegó a un gran huerto de cerezos, en el que había una casita con curiosas ventanas rojas y azules, tenía el techo de paja y por fuera dos soldados de madera que presentaban armas a quienes navegaban ante ellos.

Gerda les gritó; creía que estaban vivos, pero claro está que no contestaron; llegó muy cerca de ellos, el río arrastraba la barca a tierra.

Gerda gritó aún más alto y entonces salió de la casa una mujer vieja, vieja, que se apoyaba en un encorvado bastón; llevaba un gran sombrero, pintado con preciosas flores.

—¡Pobrecita mía! —dijo la vieja—. ¿Cómo has venido a parar al río, tan grande y salvaje, e ido tan lejos por el mundo.

Y con esto se metió en el agua, paró la barca con su bastón, lo acercó a la orilla y levantó a Gerda.

Y Gerda se alegró de encontrarse en tierra firme, aunque no dejaba de estar algo asustada de la vieja desconocida.

—¡Anda, ven y dime quién eres y de dónde vienes! —dijo la vieja.

Y Gerda le contó todo; y la vieja asentía con la cabeza y decía:

—¡Ejem, ejem! —y cuando Gerda le contó todo y le preguntó si había visto al pequeño Kay, la mujer dijo que no había pasado por allí, pero que ya pasaría, no debía estar triste, sino comer de sus cerezas mirar sus flores, que eran más bonitas que ningún libro de estampas, cada una le contaría una historia. Así es que cogió a Gerda de la mano, entraron en la casita y la vieja cerró la puerta.

Las ventanas eran muy altas y los vidrios eran rojos, azules y amarillos; la luz del día se teñía dentro con todos los colores de la forma más extraña, pero en la mesa estaban las deliciosas cerezas, y Gerda pudo comer cuantas quiso. Y mientras comía, la vieja la peinó con un peine de oro y el pelo formo bucles deliciosamente dorados sobre su amable carita, redonda como una rosa.

Tanto como he deseado tener una niñita así de preciosa —dijo la vieja—. ¡Ahora verás lo bien que lo vamos a pasar las dos!

Y así que iba peinando el pelo de la pequeña Gerda, se iba olvidando Gerda de Kay, su compañero de juegos; porque la vieja sabía de magia, pero no era una bruja mala, sólo hacía magia para divertirse, y ahora le encantaba quedarse con la pequeña Gerda. Por eso salió al jardín, apuntó a los rosales con su garrota y, aunque estaban cargados de flores, todos se hundieron en la negra tierra y nadie podía ver dónde habían estado. La vieja temía que cuando Gerda viese las rosas, pensara en las suyas, se acordase entonces del pequeño Kay y se escapase.

Entonces llevó a Gerda al jardín. ¡Vaya si olía bien y era bonito! Todas las flores imaginables y de cualquier estación florecían allí; ningún libro de estampas podía tener más color ni ser más bonito. Gerda saltaba de alegría y jugó hasta que el sol se puso detrás de los altos cerezos; entonces tuvo una preciosa cama con edredones de seda roja rellenos de violetas azules y durmió y soñó tan deliciosamente como una reina en su noche de bodas.

Al día siguiente jugó de nuevo con las flores bajo el caliente sol, y así muchos días más. Gerda conocía todas las flores, pero por muchas que fuesen, tenía idea de que faltaba una, aunque no podía decir cuál. Hasta que un día acertó a mirar el sombrero de sol de la vieja señora con las flores pintadas, y justo la más bella era una rosa. La vieja se había olvidado de quitarla del sombrero cuando enterró a las otras. ¡Pero eso a veces pasa, que uno no puede estar en todo!

—¿Cómo —dijo Gerda—, ¿no hay aquí rosas?

Y salió corriendo entre los macizos, busca que te busca, hasta que sus tibias lágrimas fueron a caer justo donde estaban enterrados los rosales y cuando las lágrimas calientes humedecieron la tierra, brotaron los arbustos de repente, con tantas flores como se hundieron y Gerda los abrazó, besó las rosas y pensó en las preciosas rosas de casa y, con ellas, en el pequeño Kay.

—¡Oh, cómo me he retrasado! —dijo la niña—. ¡Lo que tengo que hacer es buscar a Kay! ¿No sabéis dónde está?—le preguntó a las rosas—. ¿Creéis que se ha perdido y muerto?

No ha muerto—dijeron las rosas—. Porque hemos estado en la tierra, donde están todos los muertos, pero Kay no estaba allí.

—¡Muchas gracias! —dijo la pequeña Gerda y fue a las otras flores y mirando en sus cálices, preguntó—: ¿No sabéis dónde está el pequeño Kay?

Pero las flores se alzaban al sol, soñando cada una en su propio cuento o historia; Gerda oyó muchas, muchas, pero ninguna sabía nada de Kay.

¿Y qué contaba la azucena roja?

Oyes el tambor: ¡pum, pum!, sólo tiene dos notas, siempre ¡pum, pum! ¡Oye el canto de dolor de las mujeres! ¡Oye el clamor de los sacerdotes! Envuelta en su larga túnica roja se alza sobre la pira la mujer india, las llamas la envuelven, a e]la y a su esposo muerto; pero la mujer piensa en aquel que está vivo en el grupo que la rodea, aquel cuyos ojos son más ardientes que las llamas, aquel, el fuego de cuyos ojos está más próximo a su corazón que las llamas, que pronto reducirán su cuerpo a cenizas. ¿Puede la llama del corazón morir en las llamas de la pira?

—¡No entiendo nada!—dijo la pequeña Gerda.

—¡Esa es mi historia! —dijo la azucena roja.

—¿Qué cuenta la campanilla azul?

Allá sobre el angosto sendero de la montaña se alza un viejo castillo; la espesa hiedra crece sobre los viejos muros rojos, hoja sobre hoja, hasta el balcón y a éste se asoma una muchacha encantadora, se inclina sobre la balaustrada y observa el camino. No hay rosa alguna que luzca más fragante en las ramas que ella; ninguna flor de manzano, cuando el viento la mueve del árbol, se mueve con mayor gracia que ella; ¡cómo cruje su suntuosa túnica de seda! ¿Cuándo vendrá?

—¿Quieres decir Kay?—preguntó la pequeña Gerda.

—¡Yo sólo cuento mi historia, mi sueño! —contestó la campanilla azul.

¿Qué cuenta la campanilla de invierno?

Entre los árboles, suspendido por cuerdas, cuelga un largo tablón, es un columpio; dos preciosas niñas —sus vestidos son blancos como la nieve, largas cintas de seda verde revolotean de los sombreros—, se columpian sentadas; el hermano, mayor que ellas, está de pie en el columpio, se sujeta con un brazo en la cuerda, porque tiene en una mano una tacita y en la otra, una pipa de barro con la que sopla pompas de jabón; el columpio oscila y las pompas vuelan con colores irisados y cambiantes; la última se queda en la caña de la pipa y oscila al viento. El columpio se mece. El perrito negro, ligero como las pompas, se levanta sobre sus patas traseras y quisiera subir al columpio; el columpio se mece, el perro resbala, ladra, enojado; los niños ríen, las pompas estallan... un tablón que se mece, un vivo cuadro de espuma es mi canción!

Puede que sea hermoso lo que cuentas, pero lo dices con mucha tristeza y ni siquiera mencionas a Kay.

¿Qué cuentan los jacintos?

Eranse tres hermosas hermanas, sumamente transparentes y delicadas, la túnica de una era roja la otra azul, la tercera por completo blanca; cogidas de la mano danzaban junto al lago en calma a la clara luz de la luna. No eran sílfides, sino humanas. Olía deliciosamente y las muchachas desaparecieron en el bosque; la fragancia se hizo más intensa... tres féretros, en los que yacen las preciosas niñas, se deslindan de la masa del bosque hacia el lago;]as luciérnagas vuelan resplandecientes en torno, como diminutas lámparas flotantes. ¿Duermen las muchachas que bailaban o están muertas? ¡El aroma de las flores dice que han muerto; las campanas de la tarde doblan por los muertos!

Me pones muy triste —dijo la pequeña Gerda—. Tu olor es tan fuerte, que me hace pensar en las muchachas muertas. Ay, ¿es verdad que ha muerto Kay? Las rosas estuvieron abajo en la tierra y dicen que no.

—¡Ding, dong!—repiquetearon las campanillas de los jacintos—. ¡No doblamos por el pequeño Kay, que no conocemos! ¡Sólo cantamos nuestra canción, la única que sabemos!

Y Gerda se dirigió al ranúnculo, que resplandecía entre sus hojas brillantes y verdes.

—¡Eres como un pequeño sol resplandeciente! Dime, ¿sabes dónde puedo encontrar a mi compañero de juegos?

Y el ranúnculo brilló espléndidamente y miró a su vez a Gerda. ¿Qué canción podría cantar el ranúnculo? Nada que tratase de Kay.

En una casita lucía el sol del Señor con mucho calor el primer día de la primavera; los rayos caían sobre el blanco muro del vecino, junto crecían las primeras flores amarillas, brillante oro bajo los calientes rayos de sol

la vieja abuela estaba afuera en su silla, la nieta, una pobre y bella criada, en una corta visita al hogar, besó a la abuela. Había oro, oro del corazón en el bendito beso, oro en la boca, ora en el suelo oro allá arriba en la mañana. ¡Ves, esta es mi historia!—dijo el ranúnculo.

—¡Mi pobre, vieja abuela! —suspiró Gerda—. De seguro que me echa de menos, está triste por mi causa como lo estaba por el pequeño Kay. Pero volveré pronto a casa y llevaré a Kay conmigo. ¡De nada sirve que pregunte a las flores, sólo saben sus canciones, no me dan ninguna noticia!

Y recogió su pequeño vestido para correr más aprisa pero el narciso le golpeó las piernas cuando saltó sobre él; entonces se detuvo, miro a la gran flor y preguntó:

—¿Quizá sabes algo?—y se inclinó hacia ella.

¿Y qué fue lo que contó?

—¡Puedo verme, puedo verme! —dijo el narciso—. Oh, oh, cómo huelo... Arriba, en la pequeña guardilla, a medio vestir, se encuentra una pequeña bailarina, tan pronto se apoya en una pierna como en dos, le da un puntapié al mundo entero, ella es sólo una ilusión óptica. Vierte agua de una tetera sobre una prenda que tiene en la mano; es un corsé—¡la limpieza es cosa excelente!—,el vestido blanco cuelga de la percha, es también lavado en la tetera y tendido a secar en el tejado se pone el pañuelo azafrán al cuello, así parecerá más blanco el vestido. ¡La pierna alzada, mira cómo se levanta sobre un tallo! ¡Puedo verme, puedo verme!

—¡No me importa nada lo que cuentas!—dijo Gerda, corriendo al extremo del jardín.

La puerta estaba cerrada, pero movió el herrumbroso pestillo hasta que cedió y se abrió la puerta, y así la pequeña Gerda salió corriendo descalza al ancho mundo. Por tres veces miró atrás, pero no había nadie que la siguiera; al final no pudo correr más, se sentó en una gran piedra y miró en torno suyo, el verano había pasado, era ya muy entrado el otoño, no podía notarse dentro del encantador jardín, donde siempre había sol y flores de todas las estaciones.

—¡Dios mío, cómo me he retrasado!—dijo la pequeña Gerda—. ¡Si ha llegado el otoño! ¡No puedo descansar!—y se levanto para seguir.

Oh, qué doloridos v cansados estaban sus piececitos y qué frío y desapacible era todo; las largas hojas de los sauces estaban completamente amarillas y la niebla goteaba de ellas, una hoja caía tras otra, sólo el endrino tenía fruto, tan ácido que da dentera. ¡Oh, qué gris y melancólico era el ancho mundo!

Cuarta historia: Príncipe y princesa

Gerda tuvo que descansar de nuevo; un gran cuervo saltó sobre la nieve, justo delante de ella; había estado largo tiempo posado, mirándola y moviendo la cabeza; entonces dijo:

—¡Cra, cra! ¡Buenos días, buenos días!

No lo sabía decir mejor, pero la niña le resultaba simpática y le preguntó por qué iba tan sola por el ancho mundo.

Gerda entendió perfectamente la palabra "sola", y sintió cuanto quería decir, de modo que le contó al cuervo toda su vida y aventuras y le preguntó si había visto a Kay.

Y el cuervo movió la cabeza pensativamente y dijo:

—¡Puede que sí! ¡Puede que sí!

—¿Qué? ¿Crees eso? —gritó la niña y por poco no mata al cuervo del beso que le dio.

Poco a poco, poco a poco—dijo el cuervo—. ¡Diría que se trata del pequeño Kay! ¡Por supuesto que te ha olvidado por la princesa!

—¿Vive con una princesa? —preguntó Gerda.

Bueno, escucha—dijo el cuervo—. Pero me cuesta mucho hablar tu lengua. Si entendieses la parla de los cuervos, me resultaría más fácil.

No, no la he aprendido—dijo Gerda—,pero la abuela la entiende, y la lengua de la P. Ojalá lo supiera.

No importa—dijo el cuervo—, lo contaré lo mejor que sepa, que será bastante mal.

Y así contó lo que sabía.

En el reino en que nos encontramos, vive una princesa que es inteligentísima, no sólo ha leído todos los periódicos que hay en el mundo, sino que los ha vuelto a olvidar, de lista que es. Un buen día que estaba sentada en el trono, lo que en verdad no es tan divertido como dicen, se le ocurrió canturrear una canción, justamente la de "¿Por qué no me caso?".

—¡Anda, no es mala idea! —se dijo, y decidió casarse, pero con un hombre que supiera responder cuando se le hablase, no uno que fuese sólo bien parecido, porque eso es muy aburrido. Entonces convocó a golpe de tambor a todas las damas de la corte y cuando éstas oyeron cual era su intención, se mostraron entusiasmadas con la idea.

—¡Me parece estupendo —dijeron—, el otro día pensé lo mismo!

Puedes creer que es cierto todo lo que digo—dijo el cuervo—. ¡Tengo una novia domesticada, que anda suelta por palacio, y ella me lo ha contado todo!

Naturalmente, también era una cuerva, porque cuando se trata de buscar pareja, el cuervo siempre busca a la cuerva.

Los periódicos publicaron en seguida una orla de corazones y las iniciales de la princesa; en ellos se leía que todo mozo de buena presencia podía presentarse en palacio y hablar con la princesa y aquel que hablase como Si estuviese en su casa y hablase mejor, lo elegiría la princesa por esposo. ¡Sí, sí! —dijo el cuevo—. Puedes creerme, es tan cierto como que estoy aquí, la gente acudió en tropel, hubo aglomeraciones y carreras, pero no tuvieron suerte, ni el primero ni el segundo día. Podían hablar perfectamente cuando se encontraban en la calle, pero así que entraban por la puerta de palacio y veían a los guardias vestidos de plata y en lo alto de las escaleras a los lacayos de oro y los grandes salones iluminados, se quedaban pasmados; inmóviles ante el trono en que se sentaba la princesa, sin saber qué decir, salvo la última palabra que había dicho ella, y que no le agradaba nada volver a oír. Parecía como si los presentes tuvieran rapé en la tripa y hubiesen caído en una modorra, hasta que volvían a la calle y recuperaban el habla. Había una larga cola desde la puerta de la ciudad hasta el palacio. ¡Yo lo vi! —dijo el cuervo—. Tenían hambre y sed, pero no obtuvieron del palacio ni un vaso de agua templada. Algunos de los más listos habían llevado merienda, pero no la compartieron con su vecino; se decían:

—¡Qué se le note que pasa hambre y así no lo elegirá la princesa!

—¡Pero Kay, el pequeño Kay! —preguntó Gerda—. ¿Cuándo sale? ¿Estaba entre la multitud?

—¡Un momento, un momento, que ahora vamos con él! Era el tercer día, cuando se presentó un pequeño personaje, sin caballo ni coche, que marchaba decididamente al palacio; sus ojos brillaban como los tuyos, tenía un pelo precioso y largo, pero pobres ropas.

—¡Era Kay! —gritó Gerda entusiasmada—. ¡Oh, entonces lo he encontrado!—y comenzó a aplaudir.

—¿Llevaba una pequeña mochila a la espalda? —dijo el cuervo.

—¡No, sin duda era su trineo —dijo Gerda—,porque desapareció con él!

Bien pudiera ser —dijo el cuervo—,no lo miré con tanto detalle, pero lo sé por mi novia, la domesticada, que él llegó a la puerta del palacio y vio la guardia de plata y los lacayos de oro en lo alto de las escaleras y no se asustó lo más mínimo, les saludó y les dijo:

—¡Debe de ser un aburrimiento quedarse en la escalera, prefiero entrar!

Los salones resplandecían iluminados; consejeros secretos y excelencias andaban con pies desnudos y fuentes de oro; ¡era para tomarlo en serio! Sus botas crujían de forma horrible, pero no se asustaba por ello.

—¡Seguro que es Kay! —dijo Gerda—. ¡Me acuerdo posible que llevaba botas nuevas he oído como le crujían en la sala de la abuela!

—¡Pues sí que crujían! —dijo el cuervo—, y con toda la confianza del mundo se presentó ante]a princesa, que estaba sentada en una perla grande como una rueda de molino, y todas las damas de la corte con sus camareras v las camareras de las camareras, y todos los caballeros con sus criados y]os criados de los criados, que a su vez tenían un paje, estaban de pie alrededor; y cuanto más cerca se encontraban de la puerta, más orgullosos se mostraban. Al paje de los criados de los criados, que siempre va en zapatillas, casi no se le podía mirar, tan arrogante está en la puerta.

—¡Debería de ser horrible!—dijo la pequeña Gerda—. ¿Pero consiguió Kay a la princesa?

Si no fuese porque soy cuervo, hubiera sido para mí, y eso a pesar de que estoy prometido. Debe de haber hablado tan bien como yo, cuando hablo la lengua de los cuervos, como me dice mi novia, la domesticada. Se mostró confiado y gracioso; no había venido a pedir la mano, tan sólo a oír el ingenio de la princesa, y le gustó, tanto como él a ella.

—¡Sí, seguro que era Kay!—dice Gerda—. ¡Tiene tanto ingenio que es capaz de hacer cálculos mentales con fracciones! ¿Oh, no me llevarás al palacio?

—¡Sí, fácil es decirlo! —dijo el cuervo—. ¿Pero cómo hacerlo? Hablaré con mi novia, la domesticada; ella nos aconsejará; porque debo decirte que a una niña como tú nunca la permitirán entrar.

—¡Sí que entraré! —dijo Gerda—. Cuando Kay se entere de que estoy aquí, vendrá al momento a buscarme.

Espérame junto a aquel portillo —dijo el cuervo, movió la cabeza y salió volando.

Antes de que se hiciese de noche volvió el cuervo.

—¡Rak, rak! —dijo. ¡Muchos saludos de parte de ella!, y aquí tienes un poquito de pan, lo cogió en la cocina, hay pan de sobra y tú tienes tanta hambre. No es posible que entres en palacio, estás descalza, sabes; los guaralas de plata y los lacayos de oro no te lo permitirían; pero no llores, que entrarás de todas formas. Mi novia conoce una escalerilla de servicio, que lleva a la alcoba, y ella sabe cómo hacerse con la llave.

Y entraron en el parque, en la gran avenida, donde las hojas caían una tras otra, y cuando se apagaron las luces de palacio, una tras otra, el cuervo llevó a Gerda a una puerta trasera que estaba entreabierta.

¡Oh, cómo temblaba de inquietud y de deseo el corazón de Gerda! Era como si fuese a hacer algo malo, y lo único que deseaba era saber si se trataba del pequeño Kay; pues sí, podía ser él; pensó, como si lo estuviera viendo, en sus ojos llenos de inteligencia; en su largo pelo; podía ver perfectamente cómo sonreía cuando se sentaba en casa bajo las rosas. De seguro que él se alegraría de verla, de oír qué largo viaje había hecho por su causa y saber lo tristes que habían quedado todos en casa cuando no había vuelto. ¡Oh, qué miedo y qué alegría!

Entonces se encontraron en la escalera; lucía una lamparilla en un estante; en el suelo estaba la cuerva domesticada; movió la cabeza a un lado y a otro y miró a Gerda, que se inclinó con toda cortesía, como le había enseñado la abuela.

—¡Mi novio me ha hablado maravillas de usted, señorita —dijo la cuerva domesticada—, su curriculum vitae, como dicen, es también muy emocionante! ¿Quiere tomar la lámpara, para ir yo delante? Iremos directamente, sin tropezarnos con nadie.

—¡Me parece que sube alguien! —dijo Gerda y algo pasó susurrando junto a ella; algo como sombras por la pared. Caballos de ondeantes crines y delgadas patas, pajes cazadores, caballeros y damas a caballo.

—¡Sólo son sueños! —dijo la cuerva—. Vienen para llevarse de caza a los pensamientos de sus señorías, lo que es bueno, porque así los podrá contemplar usted mejor en la cama. ¡Pero si alcanza usted honores y grandezas, espero que muestre un corazón agradecido!

—¡No hablemos de eso!—dijo el cuervo del bosque.

Entraron entonces en el primer salón, que era de satén rosado con flores artificiales en las paredes; por allí pasaron susurrando los sueños, pero su carrera era tan veloz que Gerda no consiguió ver a sus señorías. Cada salón era más espléndido que el anterior; uno iba de asombro en asombro; y al fin llegaron al dormitorio. En él, el techo semejaba una gran palmera con hojas de cristal, un cristal carísimo, y en medio colgaban de un grueso tallo de oro dos camas que parecían lirios: uno era blanco y en él dormía la princesa; el otro era rojo y era en él donde Gerda tenía que buscar al pequeño Kay; apartó uno de los pétalos rojos y vio una nuca morena... ¡Oh, era Kay! Dijo su nombre en alta voz, le acercó la lámpara —los sueños volvieron de nuevo al salón, susurrando a caballo—, se despertó, volvió la cabeza y... no era Kay.

Él príncipe se le parecía sólo en la nuca, pero era joven y hermoso. Y la princesa se asomó desde el lecho de lirio blanco y preguntó qué pasaba. Entonces la pequeña Gerda se echó a llorar y contó toda su historia y cuanto el cuervo había hecho por ella.

—¡Pobrecilla! —dijeron el príncipe y la princesa y elogiaron a los cuervos y dijeron que no estaban nada enojados con ellos, pero que no debían volver a hacerlo No obstante, debían tener un premio.

—¿Queréis volar libres —preguntó la princesa—, o preferís un puesto fijo como cuervos de cámara con todo lo que sobra de la cocina?

Y los dos cuervos hicieron una reverencia y pidieron el puesto fijo; porque pensaron en su vejez y dijeron —que sería estupendo tener algo para "el viejo"—como lo llamaban.

Y el príncipe se levantó de su cama para que Gerda durmiese en ella, y más no podía hacer. Ella juntó sus manitas y pensó:

—¡Qué buenos son los hombres y los animales! —y así cerró los ojos y durmió deliciosamente. Todos los sueños volvieron volando, y entonces se parecían a los ángeles del Señor y empujaban un pequeño trineo en el que estaba sentado Kay y saludaba; pero fue sólo un sueño, que se desvaneció al despertar ella.

Al día siguiente la vistieron de seda y terciopelo de pies a cabeza, la ofrecieron quedarse en el palacio y pasarlo bien, pero ella lo único que pidió fue disponer de un cochecito con un caballo, y un par de botitas, para volver a recorrer el ancho mundo en busca de Kay.

Y tuvo tanto botas como manguito; quedó preciosamente vestida, y al marcharse, vino a la puerta una carroza nueva de oro macizo; las armas del príncipe y de la princesa brillaban en ella como estrellas; cochero, lacayos y postillones, porque también había postillones, estaban sentados con coronas de oro. El príncipe y la princesa la ayudaron a subir a la carroza y la desearon suerte. El cuervo del bosque, que había contraído matrimonio, la acompañó durante las tres primeras leguas; se sentó a su lado, porque no había que pensar que pudiera dar la espalda a los caballos, el otro cuervo se quedó en el portal moviendo las alas, no les acompañó porque sufría de jaquecas desde que había obtenido un puesto fijo y demasiado qué comer. Por dentro la carroza estaba forrada con roscos de azúcar y en el asiento había frutas y panecillos de especias.

—¡Adiós, adiós! —gritaron el príncipe y la princesa, y la pequeña Gerda lloró y el cuervo lloró; así recorrieron las primeras leguas; entonces dijo el cuervo también adiós y fue una despedida tristísima; voló a lo alto de un árbol y movió sus negras alas hasta que el coche, que brillaba como un puro rayo de sol, se perdió de vista.

Quinta historia: La niña bandida

Fueron a través del sombrío bosque, pero la carroza resplandecía como una antorcha, deslumbró a los bandoleros, y eso ellos no podían consentirlo.

—¡Oro! ¡Oro! —gritaron, cayendo sobre ella, se apoderaron de los caballos, y dieron muerte a los pequeños postillones, al cochero y a los lacayos, y sacaron a la pequeña Gerda del coche.

—¡Qué gordita y qué rica está, la han engordado con nueces! —dijo la vieja bandida, que tenía una larga, hirsuta barba y cejas que le colgaban sobre los ojos—. ¡Está tan rica como un corderito cebado! ¡Huy, qué bien sabrá! —y desenvainó su brillante cuchillo que resplandecía de modo espantoso.

—¡Aug! —gritó la arpía en ese mismo instante; le había mordido la oreja su hijita, que llevaba colgada a la espalda y era tan salvaje y maleducada que era una maravilla.

—¡Condenada criatura! —dijo la madre, y no tuvo tiempo de matar a Gerda.

—¡Jugará conmigo! —dijo la bandolerilla—. ¡Me dará su manguito, su precioso vestido, dormirá conmigo en mi cama! —y volvió a morderla, con lo que la vieja bandida saltó y dio una voltereta y todos los bandoleros rieron y dijeron:

—¡Mira, cómo baila con su nena!

—¡Quiero ir en carroza! dijo la bandolerilla, y haría como se le antojase, porque era muy mimada y muy terca.

Se sentó en ella con Gerda, y marcharon por matorrales y zarzas al interior del bosque. La bandolerita era tan grande como Gerda, pero más fornida, tenía los hombros más anchos y la tez oscura; los ojos, muy negros, parecían casi tristes. Abrazó a Gerda por la cintura y dijo:

—¡No te matarán, mientras no me enfade contigo! ¿Eres una princesa de veras?

No —dijo la pequeña Gerda, y le contó todo lo que había pasado y cuánto quería al pequeño Kay.

La bandolera la miró muy seria, hizo un leve gesto con la cabeza y di]o:

—¡No te matarán, aunque me enojes, entonces lo haría yo misma! —y secó los ojos de Gerda, y metió las manos en el precioso manguito, tan suave y abrigado.

Entonces se paró la carroza; se encontraban en pleno patio de un castillo de ladrones; las grietas iban de arriba a abajo, cornejas y cuervos volaban de las grietas y grandes perros de presa, que parecían cada uno capaz de tragarse a un hombre, daban grandes saltos, pero no ladraban, porque les estaba prohibido.

En el gran salón, viejo y tiznado, ardía un gran fuego en medio del suelo de piedra, el humo subía al techo y buscaba cómo salir; un caldero gigantesco cocía con sopa y en el asador daban vueltas liebres y conejos.

—¡Dormirás esta noche conmigo y todos mis animalitos! —dijo la niña bandida.

Comieron v bebieron y fueron a un rincón donde había extendida paja y alfombras. Encima estaban posadas en listones y barras casi un centenar de palomas, todas parecían dormir, pero se movieron un poco cuando llegaron las niñas.

Todas son mías —dijo la pequeña bandolera y agarrando una de las más próximas, la tuvo de las patas y la sacudió, de forma que agitó las alas.

—¡Bésala! —gritó golpeando con ella la cara de Gerda.

—¡Aquí están los golfos del bosque! —continuó, mostrando una gran cantidad de barrotes que había a través de un hueco en lo alto del muro—. ¡Son unos golfos del bosque, los dos! Se escapan en cuanto no se les encierra; y aquí está mi viejo y querido Bé! —y agarró por los cuernos a un reno que llevaba un brillante anillo de cobre al cuello y estaba atado. ¡Debemos tenerlo también atado, o se nos escapa. Todas las noches le hago cosquillas en el cuello con mi afilado cuchillo al que tanto miedo tiene!

Y la muchachita tomó un largo cuchillo de una grieta en la pared y se lo pasó al reno por el cuello; el pobre animal pataleó v la niña bandolera se rió y arrastró a Gerda con ella a la cama.

—¿Llevas el cuchillo cuando duermes? —preguntó Gerda, algo inquieta.

——¡Duermo siempre con el cuchillo!—dijo la pequeña ladrona—. Nunca se sabe lo que puede pasar. Pero repíteme lo que contaste antes sobre el pequeño Kay y por qué saliste al ancho mundo.

Y Gerda lo contó desde el principio y las palomas del bosque arrullaban arriba en la jaula, las otras palos, mas dormían. La pequeña bandolera pasó el brazo por el cuello de Gerda, manteniendo el cuchillo en la otra mano y se durmió, según podía oírse; pero Gerda no pudo, pegar un ojo, no sabía si iba a vivir o a morir. Los bandoleros estaban sentados en torno al fuego, cantando y bebiendo, y la vieja bandolera daba volteretas. Oh, a la niña le horrizaba verlo.

Entonces dijeron las palomas del bosque:

—¡Rruú, rruú! Hemos visto al pequeño Kay. Una gallina blanca cargaba con su trineo, él estaba sentado en el carruaje de la reina de las nieves, iban por el bosque donde teníamos el nido; ella sopló sobre nosotros, las crías, y todas murieron excepto nosotras dos; rruú, rruú!!

—¿Qué estáis diciendo allá arriba? —gritó Gerda—. ¿Hacia dónde fue la reina de las nieves? ¿Sabéis hacia L dónde fue?

—¡De seguro que marchó a Laponia, porque allí hay siempre nieve y hielo! Y Si no, pregúntaselo al reno que está atado con la soga.

—¡Hay hielo y nieve que es una bendición! —dijo el reno—. Allí puede uno trotar con libertad por los anchos, resplandecientes valles! ¡Allí tiene la reina de las nieves su tienda de verano, pero su palacio permanente está allá, hacia el cabo Norte, en la isla llamada Spitzberg!

—¡Oh, Kay, pequeño Kay! —suspiró Gerda.

—¡Estate quieta —dijo la niña bandolera— o te pincho la tripa con el cuchillo!

A la mañana siguiente Gerda contó todo lo que habían dicho las palomas del bosque y la bandolerita pareció quedarse muy seria, pero asintió con la cabeza y dijo:

—¡Es lo mismo, es lo mismo! ¿Sabes dónde está Laponia? —le preguntó al reno.

—¿Quién lo sabrá mejor que yo? —dijo el animal, con ojos llenos de entusiasmo—. Allí nací y me crié, allí saltaba sobre los campos nevados.

—¡Escucha!—dijo la niña bandolera a Gerda—. Como ves, todos nuestros hombres se han ido, pero madre está todavía aquí y de aquí no se moverá, pero más entrado el día bebe de la gran botella y se echa una siestecita después, entonces haré algo por ti.

Y saltando de la cama, se echó al cuello de la madre, la tiró de la barba, y dijo:

—¡Buenos días, querida cabra!

Y la madre le dio un bofetón en las narices, que se le pusieron a la vez azules y rojas, pero sólo era una prueba de cariño.

Cuando la madre bebió de su botella y se echó la siesta, fue la niña bandolera al reno y le dijo:

Mucho me gustaría seguir haciéndote cosquillas con

el cuchillo afilado, porque te pones muy gracioso, pero lo mismo da, te voy a desatar y a ponerte en libertad, para que vayas corriendo a Laponia, pero debes darte prisa y llevar a la niña al palacio de la reina de las nieves, donde se encuentra su compañero de juegos. Seguro que oíste lo que contó, porque hablaba en voz alta y tú estabas escuchando.

El reno dio un salto de alegría. La niña bandolera la ayudó a montar y tuvo la precaución de atarla, y además le dio un pequeño cojín para que se sentase.

Lo mismo da—dijo—,aquí tienes tus botas de piel, porque hará frío, pero me quedo con el manguito, ¡es precioso! De todas formas, no te morirás de frío. ¡Aquí tienes los grandes mitones de mi madre, te llegan hasta el codo; póntelos! ¡Ahora parece como si tuvieses las manos de mi horrenda madre!

Y Gerda lloró de alegría.

—¡No me gusta que lloriquees! —dijo la bandolerita—. ¡Debes estar loca de alegría!, y aquí tienes dos panes, un jamón, para que no pases hambre.

Ataron los dos paquetes al lomo del reno; la pequeña bandolera abrió la puerta, llevó adentro a los grandes perros y cortó la soga con su cuchillo y dijo al reno:

—¡A la carrera! ¡Pero cuidado con la niña!

Y Gerda extendió las manos, con los largos mitones, hacia la misma bandida y dijo adiós, y entonces corrió el reno sobre breñas y zarzas por el gran bosque, por pantanos y estepas, lo más a prisa que podía. Los lobos aullaban, y los cuervos graznaban. "¡Puff, puff!", se oía en el cielo. Era como si estuviera rojo de estornudar.

—¡Es mi vieja aurora boreal —dijo el reno—, mira cómo brilla!

Y entonces corrió aún más deprisa, noche y día, comieron pan y jamón, y así llegaron a Laponia.

Sexta historia: La mujer de Laponia y la mujer de Finlandia

Pararon junto a una casita, era muy pobre; el techo llegaba al suelo y la puerta era tan baja que la familia tenía que entrar o salir a gatas. No había más que una vela lapona, que freía pescado sobre una lámpara de aceite de ballena; y el reno contó toda la historia de Gerda, pero primero la suya propia, porque creía que era mucho más importante y Gerda estaba tan muerta de frío que no le era posible hablar.

—¡Ay, pobrecitos! —dijo la lapona—. ¡Cuánto os queda por correr aún! Aún os faltan más de cien leguas para el país de los fineses, porque allí se encuentra la reina de las nieves en el campo y enciende bengalas todas las noches. Le pondré dos líneas en un bacalao seco no tengo papel, a la finesa de allá, ella puede daros mejor razón que yo.

Y una vez que Gerda se había calentado y había comido y bebido, la lapona escribió dos líneas en un bacalao seco, recomendó a Gerda que no lo perdiese, la ató de nuevo al lomo del reno y éste salió a la carrera. "¡Puff, puff!", decía arriba en e] cielo, toda la noche brilló la aurora boreal azul más preciosa —y así llegaron a Finlandia y golpearon en la chimenea de la mujer finesa, porque no tenía puerta.

Hacía tanto calor dentro que la finesa andaba casi desnuda; era pequeña v bastante oscura de color; le quitó al momento las ropas a la pequeña Gerda, le tomó los mitones y las botas, porque hubiera pasado demasiado calor, le puso al reno un trozo de hielo en la cabeza y leyó lo que estaba escrito en el bacalao; lo leyó tres veces, con lo que se lo aprendió de memoria y puso el pescado en la olla, porque era comestible y ella no desperdiciaba nunca nada.

Entonces el reno contó primero su historia, después la

de la pequeña Gerda, y la finesa guiñó sus inteligentes ojos, pero no dijo nada.

Eres muy lista—dijo el reno—,sé que sabes atar todos los vientos del mundo con un hilo de seda; si el capitán del barco desata un nudo, tiene buen viento; si deshace el segundo, sopla con fuerza; y si desata el tercero y el cuarto, sopla un vendaval que tumba los bosques. ¿No le das un brebaje a la niña, que le dé la fuerza de una docena de hombres y pueda vencer a la reina de las nieves?

La fuerza de una docena de hombres —dijo la finesa—. ¡Sí, puede bastar!

Y entonces se dirigió a un estante, tomó una gran piel enrollada y la extendió; había escritos en ella caracteres extraños y la finesa los leyó, de forma que le brotaba sudor de la frente.

Pero el reno volvió a rogar tan encarecidamente por la pequeña Gerda y Gerda la miraba con ojos tan suplicantes, llenos de lágrimas, que la finlandesa volvió a hacer guiños y llevó al reno a un rincón, donde le habló en voz baja, mientras le ponía nuevo hielo en la cabeza.

Es cierto que el pequeño Kay está con la reina de las nieves y lo encuentra todo allí perfecto y lo cree lo mejor del mundo, pero esto se debe a que tiene alojada una esquirla de cristal en el corazón y una motita de cristal en el ojo; tiene que expulsarlas, o no volverá nunca a ser humano y la reina de las nieves seguirá ejerciendo dominio sobre él.

—¿Pero no puedes darle a la pequeña Gerda algo que le otorgue dominio sobre todo

—¡No puedo darle mayor poder del que ya tiene! ¿No ves qué grande es? ¿No ves cómo los hombres y los animales la obedecen, cómo ha llegado descalza al fin del mundo? No debemos darle a conocer su poder, el poder que se encuentra en su corazón, que se encuentra en él por ser una niña graciosa e inocente. Si ella sola no puede ir hasta la reina de las nieves y quitarle el cristal al pequeño Kay, nada podremos hacer nosotros para ayudarla. A dos leguas de aquí empieza el jardín de la reina de las nieves, hasta allí puedes llevar a la niña; déjala junto al gran arbusto con bayas rojas en la nieve, ¡no te quedes charlando y vuélvete en seguida!

Y entonces la finesa montó a la pequeña Gerda sobre el reno, que corrió todo lo rápido que pudo.

—¡Oh, no tengo mis botas! ¡No tengo mis mitones! —gritó la pequeña Gerda; los echó a faltar en el intenso frío que cortaba, pero el reno no se atrevió a pararse, corrió hasta llegar al gran arbusto con las bayas rojas allí depositó a Gerda, la besó en la boca y brillantes lagrimones rodaron por las mejillas del animal y entonces corrió de vuelta con toda la rapidez que pudo. Allí quedó la pobre Gerda sin zapatos, sin guantes, en medio del espantoso frío glacial de Finlandia.

Corrió tan de prisa como le fue posible entonces se presentó todo un regimiento de copos de nieve; pero no caían del cielo, que estaba por completo raso y en el que brillaba la aurora boreal, los copos de nieve venían de la tierra, y cuanto más cerca estaban, mayores se hacían; bien se acordó Gerda de lo grandes y artísticos que parecían cuando los había mirado a través de la lupa, pero aquí se habían vuelto gigantescos y temibles estaban vivos, eran las vanguardias de la reina de las nieves, tenían formas extrañísimas; algunos parecían grandes, horribles erizos; otros, nudos de serpientes que extendían las cabezas, y otros, como pequeños osos rechonchos, con pelos erizados, todos de un blanco resplandeciente, todos copos vivos de nieve.

Entonces la pequeña Gerda dijo el Padrenuestro, y el frío era tan intenso que podía ver su propio aliento, como una columna de vaho que saliese de su boca; el aliento fue haciéndose cada vez más espeso, y se convirtió en pequeños ángeles brillantes, que crecieron más y más, así que tocaban la tierra; y todos tenían casco en la cabeza y lanza y escudo en las manos; cada vez fueron apareciendo más y más, y cuando Gerda había acabado su Padrenuestro, había toda una legión en torno de ella; golpearon a los horribles copos con sus lanzas, de modo que se deshicieron en cientos de trozos, y la pequeña Gerda marchó mucho más segura y en paz. Los ángeles le dieron palmadas en los pies y en las manos, de forma que sintió menos el frío y marchó resueltamente al palacio de la reina de las nieves.

Pero primero debemos ver qué le había ocurrido a Kay. Por supuesto que no pensaba para nada en la pequeña Gerda, y menos aun que se encontrase ante el palacio.

Séptima historia: Lo que pasó en el palacio de la reina de las nieves y lo que pasó después

Los muros del palacio eran de nieve de ventisca, y las ventanas y puertas, de viento cortante, había más de un centenar de salones, todos obra de la ventisca; el mayor se extendía por muchas leguas, todos iluminados por la viva aurora boreal, y eran muy grandes, muy vacíos, fríos y resplandecientes. Nunca había en ellos fiesta alguna, ni siquiera un pequeño baile de osos, en el que pudiera tocar su trombón la borrasca y los osos polares alzarse de patas y mostrar buenos modales; jamás una partidita de cartas con golpes en la boca y golpes en la pata; jamás un poquitín de jarana en torno al café para las señoritas de zorro blanco; vacíos, gigantescos y fríos eran los salones de la reina de las nieves. Las auroras boreales lucían con tanta puntualidad que se podía decir cuando estaban en su máximo y en su mínimo.

En medio del vacío, inmenso salón de nieve había un lago helado; estaba roto en mil pedazos, pero cada pedazo tan exactamente igual al otro, que era una obra de arte; y en medio se sentaba la reina de las nieves, cuando estaba en residencia, y por eso decía que se sentaba en el espejo de la razón, y que era el único y el mejor de este mundo.

El pequeño Kay estaba todo azul de frío, bueno, casi negro, pero no lo sentía, porque ella le había quitado con su beso el escalofrío y su corazón era casi un bloque de hielo. Andaba recogiendo trozos de hielo, afilados y planos, que colocaba de todas las formas posibles, porque quería llegar a un resultado; era como cuando nosotros con pequeños trozos de madera formamos figuras se llama un juego chino. Kay también formaba figuras, las más artísticas, era el juego helado de la inteligencia ante sus ojos eran las figuras más extraordinarias y dei más alto valor; ¡esto era obra del grano de cristal que tenía en el ojo! Colocaba todas las figuras formando una palabra escrita, pero nunca conseguía formar la palabra que deseaba, la palabra "Eternidad", y la reina de las nieves había dicho:

Si eres capaz de encontrarme la figura, serás señor de ti mismo, y te regalaré el mundo entero y un par de patines nuevos.

Pero no lo conseguían

—¡Voy a volar las sierras cálidas! —dijo la reina de las nieves—. ¡Iré echar un vistazo a los negros pucheros! —eran las montañas que vomitan fuego, llamadas Etna y Vesubio—. ¡Las blanquearé un poco! Conviene hacerlo; le sienta bien a los limoneros y a las viñas!

Y así marchó la reina de las nieves, v Kay se quedó a solas en el inmenso, vacío salón de hielo, mirando los trozos de hielo, piensa que te piensa, hasta que algo crujió en él; estaba sentado, rígido e inmóvil; como si fuese de hielo.

Fue entonces cuando la pequeña Gerda entró en el palacio por la gran puerta de viento cortante; pero dijo una oración y los vientos se tendieron como para dormir y ella siguió adelante por los grandes salones, vacíos y helados... Entonces vio a Kay, lo reconoció, se le echó al cuello, lo apretó contra ella y gritó:

—¡Kay, querido, pequeño Kay! ¡Ya te he encontrado!

Pero él permaneció sentado, inmóvil, rígido y frío... Entonces la pequeña Gerda lloró lágrimas ardientes, que cayeron sobre su pecho, se abrieron paso hasta su corazón, deshelaron el bloque de hielo y disolvieron el diminuto trozo de cristal en él; la miró y ella cantó el salmo:

¡Las rosas florecen en el valle,
Allí encontraremos al Niño Jesús!

Entonces Kay estalló en sollozos; lloró hasta que el granito de espejo salió de sus ojos, la reconoció y dio un grito de júbilo:

—¡Gerda, querida, pequeña Gerda! ¿Dónde has estado todo este tiempo? ¿Y dónde he estado yo?—y miró alrededor suyo—. ¡Qué frío hace aquí, qué vacío y grande es esto!

Y abrazó a Gerda, y ella rió y lloró de alegría; era tan magnífico que hasta los trozos de hielo bailaron de alegría alrededor, y cuando se cansaron y se tiraron al suelo, formaron exactamente las letras que la reina de las nieves había dicho que él debía descubrir para ser señor de sí mismo y ella le daría el mundo entero y un par de patines nuevos.

Y Gerda le besó en las mejillas y se pusieron encendidas; le besó los ojos y brillaron como los de ella; le besó las manos y los pies y quedó sano y fuerte. La reina de las nieves podía regresar cuando quisiera, su orden de libertad aparecía escrita en brillantes trozos de hielo.

Y cogidos de la mano salieron del gran palacio; hablaron de la abuela y de las rosas allá en el tejado; y por donde pasaban los vientos se estaban quietos y asomaba el sol; y cuando se acercaron al arbusto de las bayas rojas, allí estaba el reno, de ubres repletas, que les dio de otro, una hembra joven, de ubres repletas, que les dio a los pequeños leche caliente y les besó en la boca. Así llevaron a Kay y a Gerda hasta la mujer finesa, donde se calentaron en la estancia caliente y recibieron instrucciones de cómo volver a casa, y después a la mujer lapona, que les había cosido nuevos vestidos y había reparado el trineo.

Y el reno y la hembra joven les acompañaron corriendo a su lado hasta las mismísimas fronteras del país; allí empezaba a asomar la primera hierba, allí se despidieron del reno y de la mujer lapona.

—¡Adiós!—dijeron todos.

Y los primeros pajarillos comenzaron a piar, el bosque tenía brotes verdes y de él salió cabalgando en un espléndido caballo que Gerda conocía (había estado atado a la carroza de oro), una muchachita con un brillante gorro rojo y pistolas al cinto; era la niña bandolera que se aburría de estar en casa y se dirigía primero al norte y después a otro lado, si no le resultaba divertido. Al momentó conoció a Gerda y Gerda a ella, fue una gran alegría.

—¿Te parece bien andar trotando por ahí? —le dijo al pequeño Kay—. ¡Me gustaría saber si mereces que se vaya al fin del mundo por tu causa!

Pero Gerda le dio una palmadita en la mejilla y preguntó por el príncipe y la princesa.

—¡Se han ido al extranjero! —dijo la niña ladrona.

—¿Y el cuervo? —preguntó la pequeña Gerda.

—¡Ay, el cuervo se murió! —contestó—. La novia domesticada se ha quedado viuda y anda con un trapo negro atado a la pata; se queja amargamente; ¡menuda tontería! Pero cuéntame cómo te ha ido y cómo diste con él.

Y Gerda y Kay se lo contaron.

—¡Y colorín colorao, este cuento se ha acabado! —dijo la niña ladrona, les dio la mano y prometió que si alguna vez pasaba por su ciudad iría a visitarles, y se fue trotando por el ancho mundo, pero Kay y Gerda se cogieron de la mano y por donde marchaban había una primavera deliciosa con flores y frondas; las campanas de las iglesias repicaban y reconocieron las altas torres, la gran ciudad donde vivían y entraron en ella y marcharon hasta la puerta de la abuela, subieron la escalera, entraron en la sala, donde todo se encontraba en el mismo sitio que antes, y el reloj decía "¡tic, tac!", y las manecillas se movían; pero al pasar por la puerta, se dieron cuenta de que se habían hecho mayores y convertido en adultos. Las rosas en el canalón florecían por las ventanas abiertas y allí estaban sus sillitas de niños, y Kay y Gerda se sentaron cada uno en la suya, cogidos de la mano, habían olvidado como un mal sueño el esplendor frío y vacío del palacio de la reina de las nieves. La abuela estaba sentada a la brillante luz del bendito sol del Señor y leía en voz alta en su devocionario:

"A no ser que os hagáis como niños, no entraréis en el reino de los cielos".

Y Kay y Gerda se miraron a los ojos y comprendieron al momento el viejo salmo:

¡Las rosas florecen en el valle,
Allí encontraremos al Niño Jesús!

Allí estaban sentados los dos adultos y sin embargo niños, niños de corazón, y era verano, el cálido, bendito verano.

El Hombre de Nieve

—¡Hace tanto frío que me cruje por dentro, qué delicia! —dijo el hombre de nieve—. ¡El viento te da la vida cuando te azota! ¡Y la incandescente no me quita el ojo! —quería decir el sol, estaba para ponerse—. ¡No me hará parpadear, mantendré abiertos los cascotes!

Eran dos grandes cascotes triangulares de tejas rotas que tenía por ojos; la boca era un pedazo de un viejo rastrillo, por lo que tenía dientes.

Había nacido con los gritos de júbilo de los niños, saludado con el retintín de las campanillas y los chasquidos de látigo de los trineos.

El sol se puso, salió la luna llena, redonda e inmensa, clara y hermosa en el cielo azul.

A esta la hemos visto en otra parte—dijo el hombre de nieve. Creía que era el sol que asomaba de nuevo—. La he quitado la costumbre de ponerse colorada, ahora puede colgar ahí y dar luz, para que yo vea. ¡Si yo supiera qué hay que hacer para moverse! ¡Cómo me gustaría moverme! ¡Si pudiera me iría a patinar sobre el hielo, como he visto hacer a los niños! Pero no sé correr.

—¡Largo, largo! —ladró el viejo perro encadenado; estaba algo ronco, lo estaba desde que fue perro de salón y se tendía bajo la estufa—. ¡Ya te enseñará el sol a correr! Así vi que le pasó a tu antecesor el año pasado y al antecesor suyo; ¡largo, largo, largo todos!

—No te entiendo, compañero —dijo el hombre de nieve— ¿Me enseñará esa a correr? —quería decir la luna—.

Ella sí que corre, la he estado mirando fijamente y me aparece por otro lado.

—¡No sabes nada! —dijo el perro—. Pero es que hace poco que te han hecho. Lo que estás viendo se llama luna, lo que se marchó fue el sol y volverá mañana él te enseñará bien a correr hasta el foso. Pronto cambiará el tiempo, lo noto en la pata izquierda de atrás, que me duele. El tiempo va a cambiar.

No lo entiendo—dijo el hombre de nieve—,pero tengo la impresión de que dice algo desagradable. Ese que echaba llamas y se marchó, que él llama sol, no es amigo mío, tengo esa impresión.

—¡Largo, largo! —ladró el perro, dio tres vueltas alrededor y se sentó después en su caseta para dormir. Hubo, efectivamente, un cambio en el tiempo. Una niebla, muy compacta y húmeda, se tendió al amanecer sobre todo el país, durante el día sopló el viento, era tan glacial, que la helada fue general, pero ¡qué espectáculo cuando salió el sol! Todos los árboles y arbustos estaban cubiertos de escarcha; era como un bosque de coral blanco, era como si todas las ramas estuvieran colmadas de flores de blanco resplandeciente Las innumerables ramificaciones, que en verano no es posible distinguir por el exceso de hojas, aparecían distintas en cada detalle particular; era un encaje de tan brillante blancura, que brotaba un resplandor blanco de cada rama. El abedul colgante se movía en el viento, lleno de vida, como los árboles durante el verano; era una belleza incomparable; y cuando el sol brilló, bueno, cómo centelleó todo, como espolvoreando con polvo de diamantes y en la capa de nieve del suelo resplandecían grandes diamantes, o se podía creer que había encendidas innumerables lámparas, más blancas aun que la blanca nieve.

—¡Es una maravilla que no tiene igual! —dijo una muchacha que pasaba con un joven por el jardín y se pararon junto al hombre de nieve para contemplar los árboles resplandecientes—. ¡Espectáculo más precioso no tiene el verano! —dijo y sus ojos brillaban.

—¡Y un mozo como éste, tampoco! —dijo el joven señalando al hombre de nieve—. ¡Es extraordinario!

La muchacha rió, le hizo una reverencia al hombre de nieve y dio unos pasos de baile con su amigo sobre la nieve, que crujió bajo ellos, como si estuviese almidonada.

—¿Quiénes son esos dos? —preguntó el hombre de nieve al perro encadenado—. Eres más viejo que yo en la casa, ¿los conoces?

—¡Claro que sí! —dijo el perro—. Ella me ha acariciado y él me ha dado un hueso; a ellos no les muerdo.

—¿Pero qué papel hacen aquí? —preguntó el hombre de nieve.

—¡Están prrr... ometidos! —dijo el perro—. Se instalarán en una perrera, a roer el hueso juntos. ¡Largo, largo!

—¿Tienen tanta importancia como tú y yo? —preguntó el hombre de nieve.

—¡Sí, pertenecen a los señores! —dijo el perro guardián—. Es poquísimo lo que se sabe cuando se ha nacido ayer; es lo que te pasa. Tengo años y saber, conozco a todos en la casa, y he conocido un tierno en que no estaba aquí con frío y con cadena; ¡largo, largo!

—¡El frío es magnífico!—dijo el hombre de nieve—. Cuenta, cuenta, pero no hagas sonar la cadena, porque me retiembla dentro.

—¡Largo, largo!—ladró el perro guardián—. He sido un cachorro, pequeño y gracioso, decían, entonces dormía en una butaca de terciopelo dentro de la casa, me tenia en el regazo la gente más importante; me besaban el morro y me limpiaban las patas con un pañuelo bordado; me llamaban "preciosidad", "patitas sucias", pero al final me hice demasiado grande para ellos; así es que me traspasaron al ama de llaves, fui al sótano. Puedes verlo desde donde estás, puedes ver la habitación donde yo era el dueño; porque eso es lo que era en casa del ama de llaves. Por supuesto que era un lugar más pobre que arriba, pero más cómodo; no me estrujaban ni me arrastraban los niños, como arriba. Tenía una comida tan buena como antes, y mucho más. ¡Tenía mi cojín particular, y había una estufa que en esta época es lo mejor del mundo! Me arrastraba debajo de ella y desaparecía. ¡Oh todavía sueño con la estufa, largo, largo!

—¿Es tan bonita una estufa?—preguntó el hombre de nieve.

—¡Es justo lo contrario de ti!, ¡negra como el carbón! Tiene un cuello largo con un cilindro de latón. Se alimenta de leña, por lo que le sale fuego por la boca. Se puede estar al lado de ella, pegado a ella o debajo, ¡es agradabilísimo! Desde donde estás, puedes verla por la ventana.

Y el hombre de nieve miró y, efectivamente, vio un objeto negro y brillante con un cilindro de latón, el fuego lucía por abajo. El hombre de nieve se sintió bastante inquieto; sentía algo que no sabía explicar, pero que todos los hombres conocen cuando no son de nieve.

—¿Y por qué la abandonaste? —dijo el hombre de nieve, que tenía la impresión de que la máquina debía de pertenecer al género femenino—. ¿Cómo pudiste abandonar un lugar semejante?

Me obligaron a ello—dijo el perro guardián—. Me echaron y me ataron aquí. Le mordí en la pierna al señorito más joven, porque me había quitado el hueso que estaba yo royendo; y ¡hueso por hueso, pensé!, pero lo tomaron a mal y desde entonces he estado atado a la cadena, y he perdido mi bonita voz, oye lo ronco que estoy: ¡largo, largo! Se acabó.

El hombre de nieve no escuchaba ya; miraba fijamente al sótano del ama de llaves, abajo a su cuarto, donde se encontraba la estufa sobre sus cuatro patas de hierro y parecía del mismo tamaño que el hombre de nieve.

—¡Qué extraños crujidos siento dentro de mí!—dijo—. ¿Es que no podré entrar nunca? Es un deseo inocente y nuestros deseos inocentes deben cumplirse. Es mi deseo más ardiente, mi único deseo, y sería poco menos que una injusticia si no se satisface. Tengo que bajar allí, tengo que estar junto a ella, aunque tenga que romper la ventana.

—¡No entrarás nunca!—dijo el perro—. Y si llegases a la estufa, en un instante te irías.

Estoy casi ido—dijo el hombre de nieve—. Me parece que me estoy quebrando.

El día entero se lo pasó el hombre de nieve mirando a la ventana; al anochecer el cuarto se hizo más tentador; la estufa daba un resplandor muy grato, que no es la luz de la luna y ni siquiera la del sol, no, sólo como la estufa puede iluminar, cuando está alimentada. Cerraron la puerta, por lo que la llama se hizo más viva, como era costumbre; tiñó de rojo el blanco rostro del hombre de nieve, que apareció enrojecido hasta el pecho.

—¡No lo aguanto más! —dijo—. ¡Qué hermosa está cuando saca la lengua!

La noche fue muy larga, pero no para el hombre de nieve, que se mantenía en sus deliciosos pensamientos, y cayó una helada.

Al amanecer estaban las ventanas del sótano todas heladas, mostraban las más delicadas estrellas de hielo que el hombre de nieve podía desear, pero tapaban la estufa.

Si los vidrios no se deshelaban, no podría verla. Crujía, chascaba, era justo una helada para hacer las delicias de un hombre de nieve, pero a él no le divertía nada; podía y debía sentirse contento, pero no lo estaba, sentía ansia de estufa.

Es una grave enfermedad para un hombre de nieve —dijo el perro guardián—. Yo también la he sufrido, pero la vencí; ¡largo, largo! Va a cambiar el tiempo.

Y el tiempo cambió, cambió hacia el deshielo.

Aumentó el deshielo, disminuyó el hombre de nieve. No dijo nada, no se quejó, y eso es un signo que no falla. Una mañana se derrumbó. Quedó de pie algo como un palo de escoba en el lugar en que había estado, en torno a él lo habían levantado los niños.

—¡Ahora me explico su anhelo! —dijo el perro guardián—. El hombre de nieve tenia un atizador de estufa en el cuerpo; eso era lo que se agitaba en él, ahora pasó; ¡largo, largo!

Y pronto también el invierno habia pasado.

—¡Largo, largo! —ladraba el perro; pero las niñas cantaban en el patio:

—¡Ábrete, aspérula, fresca y bella,
Cuelga, sauce, tus mitones de lana,
Venid, cuco y alondra, a cantar
La primavera cuando acaba febrero!
¡Canto contigo, cuco, cú, cú,
Sal, sol querido, sal en seguida!

Y nadie pensó en el hombre de nieve.

LAS HABICHUELAS MÁGICAS*

Periquín vivía con su madre, que era viuda, en una cabaña del bosque. Como con el tiempo fue empeorando la situación familiar, la madre decidió mandar a Periquín a la ciudad, para que allí intentase vender la única vaca que poseían. El niño se puso en camino, llevando atado con una cuerda al animal, y se encontró con un hombre que llevaba un saquito de habichuelas.

—Son maravillosas —explicó aquel hombre—. Si te gustan, te las daré a cambio de la vaca.

Así lo hizo Periquín, y volvió muy contento a su casa. Pero la viuda, disgustada al ver la cortedad del muchacho, cogió las habichuelas y las arrojó a la calle. Después se anegó en llanto.

Cuando se levantó Periquín al día siguiente, fue grande su sorpresa al ver que las habichuelas habían crecido tanto durante la noche, que las ramas se perdían de vista. Se puso Periquín a trepar por la planta, y sube que sube, llegó a un país desconocido.

* Se discute la autoría de Andersen, aunque una buena parte de los expertos la admite. La otra parte lo considera un cuento de hadas anónimo de origen inglés. En él, el personaje principal, no sería Periquín, sino Jack o Juanito. Walt Disney lo incorporó a su acervo cinematográfico con la película de animación protagonizada por Mickey Mouse titulada Diversión y Fantasía (1947). Aunque una buena parte de los cuentos de Andersen tiene un final muy poco feliz o más bien moralizante, Las habichuelas mágicas se aparta de esta regla general y podría ser una excepción. Los que opinan lo contrario argumentan que el lenguaje es muy poco anderseniano, así como el argumento.

Entró en un castillo y descubrió a un perverso gigante que tenía una gallina que ponía un huevo de oro cada vez que él se lo mandaba. Esperó el niño a que el gigante se durmiera, y tomando la gallina, escapó con ella. Llegó a las ramas de las habichuelas, y descolgándose, tocó el suelo y entró en la cabaña.

La madre se puso muy contenta. Y así fueron vendiendo los huevos de oro, y con su producto vivieron tranquilos mucho tiempo, hasta que la gallina se murió y Periquín tuvo que trepar por la planta otra vez, dirigiéndose al castillo del gigante. Se escondió tras una cortina y pudo observar cómo el dueño del castillo iba contando monedas de oro que sacaba de un saco de cuero.

En cuanto se durmió el gigante, salió Periquín y, recogiendo el talego de oro, echó a correr hacia la planta gigantesca y bajó a su casa. Así la viuda y su hijo tuvieron dinero para ir tirando mucho tiempo.

Sin embargo, llegó un día en que el saco de cuero del dinero quedó completamente agotado. Se cogió Periquín por tercera vez a las ramas de la planta, y fue escalándolas hasta llegar a la cima. Entonces observó al ogro guardar en un cajón una cajita que, cada vez que se levantaba la tapa, desprendía una moneda de oro.

Cuando el gigante salió de la estancia, tomó el niño la cajita prodigiosa y se la guardó. Desde su escondite vio Periquín que el gigante se acostaba en un sofá, y un arpa, oh maravilla!, tocaba sola, sin que mano alguna pulsara sus cuerdas, una preciosa música. El gigante, mientras escuchaba aquella melodía, fue cayendo lentamente en un sopor.

Apenas le vio así Periquín, cogió el arpa y echó a correr. Pero el arpa estaba encantada y, al ser tomada por Periquín, empezó a dar gritos:

—¡Eh, señor amo, despierte usted, que me roban!

Se despertó sobresaltado el gigante y empezaron a llegar de nuevo desde la calle los chillidos advirtiendo:

—¡Señor amo, que me roban!

Dándose cuenta de la situación, el gigante salió en persecución de Periquín. Resonaban a espaldas del niño pasos del gigante, cuando, ya cogido a las ramas empezaba a descender. Se daba mucha prisa, pero, al mirar hacia la altura, vio que también el gigante bajaba hacia él. No había tiempo que perder, y así que gritó Periquín a su madre, que estaba en casa preparando la comida:

—¡Madre, coja rápido el hacha, que me persigue el gigante!

Acudió la madre con el hacha, y Periquín, de un certero golpe, cortó el tronco de la maravillosa habichuela. Al caer, el gigante se estrelló, pagando así sus maldades, y Periquín y su madre vivieron felices con el producto de la cajita que, al abrirse, desprendía una moncda dc oro.

PULGARCITA

Había una vez una mujer que quería tener un niño pequeñito, pero no sabía dónde encontrarlo; así es que fue a consultar a una vieja bruja y le dijo:

Cuánto me gustaría tener un niño pequeñito, ¿puedes decirme dónde puedo hallar uno?

Eso está hecho –le contestó la bruja—. Aquí tienes un grano de cebada que no es de esos que crecen en los sembrados o se comen las gallinas. ¡Plántalo en un tiesto y ya verás!

—¡Muchas gracias! dijo la mujer y le pagó a la bruja doce cuartos, volvió a casa, plantó el grano de cebada y pronto creció de él una flor grande y preciosa, semejante al tulipán, pero con los pétalos cerrados, como si todavía fuese un capullo.

—¡Hermosa flor! —dijo la mujer y besó los pétalos rojos y amarillos, pero al momento de besarla la flor estalló y se abrió. Era un tulipán auténtico, no cabía duda, pero en medio de la flor, sentada en los verdes estambres, se hallaba una niñita, muy delicada y graciosa, no más alta que una pulgada, por lo que la llamaron Pulgarcita.

Tuvo por cuna una elegante cáscara de nuez laqueada, azules hojas de violetas por colchones y un pétalo de rosa por colcha; allí dormía por las noches, pero de día jugaba sobre la mesa en la que la mujer había colocado una fuente con una guirnalda de flores que hundían sus tallos en el agua; en ella flotaba un gran pétalo de tulipán, sobre el que Pulgarcita podía sentarse y navegar de un borde a otro de la fuente; se valía de dos blancas crines de caballo como remos. Era placer contemplarlo. También cantaba, oh, con tanta delicadeza y gracia como no se ha oído nunca.

Una noche en que se hallaba acostada en su improvisada camita saltó por]a ventana un sapo asqueroso que aprovechó un cristal roto. El sapo, que era feísimo, grande y viscoso, fue a caer sobre la mesa en que Pulgarcita dormía bajo el rojo pétalo de rosa.

—¡Qué bonita mujer para mi hijo! —exclamó el sapo, y cargando con la cáscara de nuez donde Pulgarcita dormía salió con ella por el cristal roto al jardín.

Se deslizaba por él un arroyo grande y ancho, pero al llegar a la orilla era una fangosa ciénaga; allí vivía la madre sapo con su hijo. ¡Horror!, el hijo era también feo y repugnante, se parecía mucho a su madre.

—¡Cu—cú, cu—cú, croá, croá! —fue cuanto dijo cuando descubrió la preciosa niñita en la cáscara de nuez.

—¡No hables tan alto, no vayas a despertarla!—masculló la vieja madre sapo—,¡aún podría escapársenos, porque es tan ligera como un plumón de cisne! La colocaremos en el arroyo sobre una de las anchas hojas de los nenúfares, que será para ella, tan fina y delicada, como una isla. De allí no podrá escaparse, mientras, nosotros vamos a preparar la cámara bajo el fango, que será vuestro hogar.

En el arroyo crecían muchos nenúfares de anchas hojas verdes que parecían flotar sobre el agua; la hoja más alejada era también la más grande de todas; hasta ella nadó la vieja madre sapo y allí puso la cáscara de nuez con Pulgarcita.

La pobre niñita se despertó muy temprano y al descubrir donde estaba comenzó a llorar amargamente, porque había agua por todo alrededor de la gran hoja verde, no podía de ninguna forma alcanzar la tierra.

La vieja madre sapo andaba hundida en el fango, adornando la cámara con juncos y flores amarillas, que estuviera bonita para la nueva nuera, nadó después con su horrible hijo hasta la hoja en que se encontraba Pulgarcita; iban a buscar la preciosa cama para instalarla en la cámara nupcial antes de que ella entrase. La vieja madre sapo le hizo una profunda reverencia en el agua y dijo:

Aquí tienes a mi hijo, que será tu marido, y viviréis sin problemas abajo en el fango.

—¡Cú—cú, cu—cú, croá, croá! —fue todo lo que el hijo supo decir.

Así es que cargaron con la preciosa camita y se la llevaron a nado, pero Pulgarcita se quedó llorando en la hoja verde, porque no quería vivir en casa del sapo horrible ni tener a su espantoso hijo por marido. Los pececillos que nadaban por allí habían, visto al sapo y oído lo que dijo, por lo que asomaron las cabezas para ver a la niñita. En cuanto la vieron la encontraron. tan hermosa que sintieron que fuese a unirse con el horrendo sapo. No, no podía ser. Se apiñaron en el agua en torno al verde tallo que sostenía la hoja, lo cortaron con los dientes, de manera que la hoja se deslizó arroyo abajo, arrastrando a Pulgarcita, allá lejos, donde el sapo no podría ir jamás.

Pulgarcita pasó navegando ante muchos lugares y los pajaritos desde los arbustos cuando la veían, cantaban:

—¡Qué niña más bonita!

La hoja que la llevaba fue cada vez más lejos, así marchó a países lejanos.

Una linda mariposilla blanca que hacía tiempo revoloteaba alrededor en torno, se posó al final en la hoja, porque le encantaba Pulgarcita, y ella estaba feliz porque ahora no podía alcanzarla el sapo y los lugares por los que pasaba eran preciosos; el sol se reflejaba en el agua que parecía relucir como de oro. Así es que tomó su cinturón, ató una punta a la mariposa, la otra a la hoja; entonces se deslizo mucho más rápido con ella, y además podía ir de pie sobre la hoja.

En aquel momento llegó volando un gran abejorro, la vio y en un instante la agarró por su diminuta cintura y se la llevó volando, pero la hoja verde siguió flotando arroyo abajo y la mariposa con ella, porque estaba atada y no podía soltarse.

¡Señor, señor! cómo se asustó la pobre Pulgarcita cuando el abejorro se la llevó volando al árbol, pero por lo que más lo sentía era por la preciosa mariposa blanca que había atado a la hoja: no podría liberarse y quizá muriese de hambre. Pero al abejorro poco le importaba. Se sentó con ella en la gran hoja verde del árbol, le ofreció almíbar de flores y dijo que era muy bonita, aunque no se pareciese en nada a un abejorro. Después vinieron de visita el resto de abejorros que vivían en el árbol; analizaron a Pulgarcita y las señoritas abejorro movieron las antenas y dijeron:

—¡Pero si no tiene más que dos piernas, qué lástima!

—¡No tiene antenas! —dijo otra—. ¡Qué cintura más delgada, qué horror! ¡Si parece un ser humano! ¡Qué fea es! —dijeron todas las abejorras, aunque Pulgarcita fuese ciertamente hermosísima, y así le parecía al abejorro que la había tomado, pero cuando todos los otros dijeron que era fea llegó a pensar lo mismo y no quiso tenerla; podía marcharse donde quisiera. Bajó volando con ella y la depositó en una margarita, allí se puso a llorar porque era tan fea que el abejorro no la quería, y la verdad es que era lo más bonito que podía pensarse, tan delicada y pura como el más exquisito pétalo de rosa.

Todo el verano la pasó la pobre Pulgarcita sola en el gran bosque. Se tejió una hamaca de hierba y la tendió bajo una gran marquesa, para que la cubriese de la lluvia; recogía el almíbar de las flores como alimento, y bebía el rocío que cada mañana había en las hojas; así pasó el verano y el otoño, pero después vino el invierno, el frío, largo invierno. Todos los pájaros que habían cantado tan dulcemente para ella se marcharon volando, los árboles y las flores se marchitaron, la gran marquesa bajo la cual había vivido se arrolló y quedó reducida a un tallo amarillo y marchito, y ella sintió un frío horrible, porque sus vestidos estaban rotos y era tan delicada y tan diminuta, la pobre Pulgarcita, que se moría de frío. Comenzó a nevar y cada copo de nieve que caía sobre ella era como si nos echaran a nosotros una pala llena, porque nosotros somos grandes y ella sólo medía una pulgada. Así es que se envolvió en una hoja seca, pero no calentaba nada, tiritaba de frío.

Muy cerca del bosque en que se hallaba había un extenso campo de trigo, pero el trigo había desaparecido hacía mucho, sólo rastrojos desnudos y secos aparecían sobre la tierra helada. Era como si tuviese que recorrer todo un bosque entero, ¡tiritaba tanto de frío!. Así llegó a la puerta de la casa de la rata de campo. Era un agujerito bajo el rastrojo. Allí vivía la rata de campo, calentita y cómoda, tenía toda la sala llena de trigo, una preciosa cocina y un comedor. La pobre Pulgarcita se puso ante la puerta, como una pedigüeña, y demandó un trocito de grano de cebada, porque no había comido en dos días.

—¡Pobrecita! —dijo la rata de campo, porque lo cierto es que era una buena vieja rata—. ¡Entra en mi sala caliente y come conmigo!

Como le gustó Pulgarcita, dijo:

Bueno, puedes vivir conmigo en invierno, pero debes limpiarme bien la cocina y contarme cuentos, que me gustan mucho —y Pulgarcita hizo lo que la buena vieja rata pedía y lo pasó muy bien.

—¡Pronto tendremos visita! —dijo la rata—. Mi vecino acostumbra a visitarme una vez por semana. Se encuentra mejor alojado que yo; tiene grandes salones y viste un precioso abrigo de terciopelo negro; si te casases con él tendrías una estupenda posición; pero no ve. ¡Tendrías que contarle los cuentos más bonitos que sepas!

Sin embargo, a Pulgarcita no le gustaba nada la idea de casarse con el vecino, porque era un topo. Vino de visita con su abrigo de terciopelo negro, era muy rico y muy sabio, dijo la rata; su casa era también más de veinte veces mayor que la suya, y era muy instruido, pero detestaba el sol y las hermosas flores, hablaba pestes de ellas, porque nunca las había visto. Pulgarcita tuvo que cantar, y cantó "¡Abejorro, vuela, vuela!" y "El monje va al prado", por lo que el topo se enamoró pronto de ella debido a su hermosa voz, pero se calló, porque era muy discreto.

Había cavado hacía poco una larga galería subterránea desde su casa a la otra, y les concedió permiso a la rata de campo y a Pulgarcita para pasear por ella cuando gustasen. Pero les advirtió que no se asustaran del ejemplar muerto que yacía en la galería, todo un pájaro, con plumas y pico, que de seguro acababa de morir cuando empezó el invierno y ahora estaba enterrado justo donde había excavado su galería.

El topo cogió con la boca un pedazo de madera podrida, porque brilla como si fuese fuego en la oscuridad, y marchó delante de ellas para alumbrarlas en la larga y oscura galería: cuando llegaron donde estaba el pájaro muerto, el topo, empujando la tierra del techo, hizo con su ancho hocico un gran agujero por el que podía pasar la luz. En el suelo yacía muerta una golondrina, con las hermosas alas caídas a los lados, las patas y la cabeza ocultas entre las plumas; el pobre pájaro sin duda había muerto de frío. A Pulgarcita le dio lástima, porque quería mucho a los pajarillos que durante todo el verano habían cantado y gorjeado tan dulcemente para ella, pero el topo lo empujó con sus cortas patas y dijo:

—¡Ya no pía más! ¡Qué desgracia debe de ser nacer pajarillo! No permita el Señor que ninguno de mis hijos lo sea, porque un pájaro no tiene más que sus píos y así se muere de hambre cuando llega el invierno.

Sí, razón lleva en lo que expresa, como ser juicioso que es —dijo la rata de campo—. ¿De qué le sirven al pájaro todos sus píos cuando llega el invierno? Pasa hambre y frío; pero eso en conforme a la naturaleza.

Pulgarcita no dijo nada, pero cuando los otros dos dieron la espalda al pájaro, se inclinó, le arregló las plumas de la cabeza y le besó con mimo los ojos cerrados.

Quizá fuese él el que cantó para mí de manera tan armoniosa durante el verano —pensó—. ¡Qué alegría me daba, querido, hermoso pájaro!

El topo rellenó el hueco por el que llegaba la luz y acompañó a las señoras a casa. Pero por la noche Pulgarcita no podía dormir, así es que salió de la cama y trenzó una preciosa y grande alfombra de heno y la llevó para cubrir con ella al pájaro muerto, puso suave algodón, que había encontrado en el salón de la rata, a los lados del pájaro para que estuviese caliente sobre la tierra helada.

—¡Adiós, precioso pajarito! —dijo—. ¡Adiós y gracias por tu dulce canto del verano, cuando todos los árboles estaban verdes y el sol nos calentaba con sus rayos!

Y puso la cabeza sobre el pecho del ave, pero al de pronto se asustó muchísimo, porque era como si algo diera golpes en su interior. Era el corazón del pájaro. El ave no había muerto, estaba solo aletargada, y al calentarse volvía a la vida.

En otoño las golondrinas emigran a las tierras cálidas, pero si una se retrasa siente tanto frío que cae muerta al suelo, y allí permanece, hasta que la helada nieve la cubre.

Pulgarcita se puso a tiritar de tanto miedo como tenía, porque el pájaro resultaba grande, enorme, junto a ella, que era una pulgada de alta, pero se armó de valor, apretó el algodón contra la maltrecha golondrina y fue a por una hoja de menta, la mitad de la cual le servía de colcha y le cubrió con ella la cabeza.

A la siguiente noche se escabulló de nuevo y encontró la golondrina llena de vida, pero muy débil, en un momento en que pudo abrir los ojos vio a Pulgarcita, que estaba con un pedazo de madera podrida en la mano, porque no tenía otra luz.

Muchas gracias, hermosa niña —le dijo la maltrecha golondrina—. Vuelvo a sentir un delicioso calorcillo. ¡Pronto recobraré mis fuerzas y volaré de nuevo hacia el caliente sol!

—¡Oh! —dijo ella—,¡hace mucho frío fuera, nieva y hiela! Permanece en tu cama caliente, que yo te cuidaré.

Llevó a la golondrina agua en un pétalo, y ella bebió y le contó cómo se había herido contra un espino y no podía volar con igual fuerza que las otras golondrinas, que habían volado lejos, muy lejos, a los países cálidos. Al final había caído en tierra, pero no podía recordar más, v no sabía cómo había llegado hasta allí.

Todo el invierno permaneció allá abajo, en los cuidados de Pulgarcita, que le tenía mucho cariño; ni el topo ni la rata de campo se enteraron de nada, porque no les gustaba la desgraciada y pobre golondrina.

Así que llegó la primavera y el sol caldeó la tierra, dijo la golondrina adiós a Pulgarcita, que abrió el agujero que había hecho el topo encima. El sol les llegaba deliciosamente, v la golondrina preguntó si no se iba con ella, podía sentarse en su espalda y volarían hacia el bosque verde. Pero Pulgarcita sabía que si abandonaba así a la rata de campo, ésta lo sentiría mucho.

—¡No, no puedo! —dijo Pulgarcita.

—¡Adiós, adiós, buena, preciosa niña! —dijo la golondrina y voló hacia el sol. Pulgarcita vio como se iba y se llenó de lágrimas, porque quería mucho a la pobre golondrina.

Cuic, cuic —cantó el pájaro y voló al verde bosque.

Pulgarcita se quedó muy triste. Ni tan solo tenía permiso para salir al sol caliente; el trigo sembrado en el campo encima de la casa de la rata había crecido tanto, que era como un espeso bosque para la pobre niñita, que, claro está, sólo medía una pulgada.

—¡Este verano tienes que prepararte el ajuar! —le advirtió la rata de campo, porque ya el vecino, el aburrido topo con el abrigo de terciopelo negro, había pedido su mano—. ¡Tendrás lana y tendrás hilo! ¡Ya estarás sentada y acostada, cuando seas la señora topo!

Pulgarcita tenía que hilar en la rueca y la rata de campo trajo a cuatro arañas para que hilasen y tejieran noche y día. Todas las tardes iba el topo de visita y no paraba de decir que cuando terminase el verano, y el sol no calentase tanto, porque ahora abrasaba la tierra como si fuera una piedra; pues bien, que cuando finalizara el verano, se casaría con Pulgarcita; pero esto no le hacía gracia alguna a ella, porque no le gustaba nada el aburrido topo. Todas las mañanas, cuando salía el sol, y todas las tardes, cuando se ponía, corría a la puerta sin ser vista, y cuando el viento hacía ondear las espigas del trigo, de forma que podía ver el cielo azul, pensaba lo divertido y hermoso que era estar fuera y deseaba poder ver a la amada golondrina de nuevo; pero no volvería a verla nunca, pues seguro que había volado más allá del bello bosque verde.

Cuando vino el otoño tenía Pulgarcita todo su ajuar a punto.

—¡Dentro de cuatro semanas será tu boda! —le dijo la rata de campo. Pero Pulgarcita se puso a llorar y confesó que no quería casarse con el aburrido topo.

—¡Bla, bla, bla! —masculló la rata de campo—. ¡No te pongas tozuda, o te muerdo con mi diente blanco! ¡Menudo marido te llevas! Ni la misma reina tiene nada parecido a su abrigo de terciopelo negro. Tiene cocina y sótano. Da gracias al cielo de tenerlo por esposo.

Así es que tenía que casarse. El topo había ya venido para llevársela; tenía que vivir con él en lo más profundo de la tierra, sin salir jamás al sol, porque él lo detestaba. La pobre niña estaba tristísima de tener que decir adiós al sol, pues por lo menos en el hogar de la rata tenía permiso para asomarse a la puerta.

—¡Adiós, hermoso sol! —dijo, y levantó los brazos, saliendo un poquito de la casa de la rata, porque entonces estaba el trigo segado y sólo había rastrojos secos—. ¡Adiós, adiós! —dijo, y abrazó a una florecilla roja que había allí.

—¡Saluda de mi parte a la querida galondrina cuando la veas!.

—¡Cuic, cuic! —oyó cantar entonces sobre su cabeza; miró hacia el cielo, era la golondrina que acertaba a pasar.

Así que vio a Pulgarcita se puso muy alegre, ella le explicó cómo la obligaban a casarse con el feo topo y tenía que vivir allá abajo en lo profundo de la tierra donde nunca lucía el sol. No pudo detener el llanto al pensarlo.

Ahora viene el gélido invierno —gritó la golondrina—. Yo vuelo allá lejos a las tierras cálidas, ¿vienes conmigo? Puedes saltar a mi espalda y atarte con tu cinturón y escaparemos volando del feo topo y de su salón oscuro, más allá de las montañas hasta las regiones cálidas, donde el sol es más bello que aquí, donde siempre es verano y hay flores deliciosas. ¡Vuela conmigo, dulce, pequeña Pulgarcita, que salvaste mi vida cuando yacía muerta de frío en el oscuro subterráneo!

—¡Sí, marcho contigo! —dijo Pulgarcita y saltó a la espalda del pájaro, con los pies en sus alas abiertas, ató su cinturón a una de las plumas más fuertes, y así voló la golondrina hacia lo alto, sobre el bosque y el mar más arriba de las altas montañas, siempre cubiertas de nieve, y Pulgarcita sintió frío en el aire helado, pero se colocó bajo las calientes plumas del pájaro y sólo sacaba la cabecita para contemplar todas las maravillas que había bajo ella.

Así alcanzaron a las tierras cálidas. Allí brillaba más el sol que aquí. El cielo era dos veces más alto y en las laderas y setos crecían los más deliciosos racimos de uvas verdes y azules. En los bosques colgaban limones y naranjas, olía a mirto y a menta y por los caminos corrían niños encantadores que jugaban con enormes mariposas de mil colores. Pero la golondrina voló aun más allá, y cada vez era más hermoso. Bajo espléndidos árboles verdes junto al mar azul se alzaba un resplandeciente palacio de mármol blanco de la antigüedad, las parras abrazaban las altas columnas; en lo más alto había muchos nidos y en una de ellos vivía la golondrina que llevaba a Pulgarcita.

—¡Esta es mi casa! —dijo la golondrina—, pero escoge tú misma una de las preciosas flores que crecen allá abajo, para que te deje en ella y serás tan feliz como desees.

—¡Magnífico! —dijo ella, palmoteando sus manitas.

Había allí una gran columna de mármol blanco, caída y rota en tres pedazos, pero entre éstos crecían grandes y espléndidas flores blancas. La golondrina bajó volando con Pulgarcita y la dejó en uno de los anchos pétalos; ¡pero vaya sorpresa que se llevó! En medio de la flor se encontraba un hombrecito, tan blanco y transparente como si fuese de cristal; tenía en la cabeza una hermosa corona de oro y brillantes alas en la espalda, no era mayor que Pulgarcita. Era el ángel de las flores. En cada flor vive un hombre o una mujer diminutos, pero este era el rey de todos.

—¡Dios mío, qué bello es! —susurró Pulgarcita a la golondrina.

El pequeño príncipe tuvo mucho miedo de la golondrina, porque claro que era un pájaro gigante comparado con él, que era tan pequeño y delicado, pero cuando vio a Pulgarcita se puso muy contento, era la niña más preciosa de todas las que había visto en su vida. Entonces se quitó la corona de oro de la cabeza, se la puso en la de ella, la preguntó cómo se llamaba y si quería ser su esposa para que fuese la reina de todas las flores. Bueno, este sí que era un marido muy diferente al hijo del sapo y al topo con el abrigo de terciopelo negro. Por lo tanto, le dijo que sí al atractivo príncipe, y de cada flor salió una dama o un caballero, tan maravillosos que era una delicia; cada uno traía un regalo para Pulgarcita, pero el mejor de todos fue un par de preciosas alas de una gran mosca blanca; se las fijaron a la espalda de Pulgarcita, por lo que pudo también volar de flor en flor; todo era júbilo, y la golondrina allá en su nido cantó para ellos lo mejor que sabía, pero en su corazón estaba triste, porque quería mucho a Pulgarcita y jamás se hubiera separado de ella.

No te llamarás Pulgarcita —dijo el ángel de las flores—, es un nombre poco adecuado para ti, que eres tan bonita. Te llamaremos Maya.

—¡Adiós, adiós! —dijo la golondrina, al marchar volando de nuevo de las tierras cálidas, en largo camino de regreso a Dinamarca; allí tiene un pequeño nido junto a la ventana donde vive el hombre que cuenta cuentos, con su cuic, cuic, le ha contado a él éste.

EL TRAJE NUEVO DEL EMPERADOR

Miles de años atrás, en un reino fabuloso y lejano, vivía un emperador cuyo único afán consistía en acumular riquísimos trajes, en los cuales gastaba verdaderas fortunas. El más insignificante acto de presencia en público, exigía para él el estreno de un vestido, lo mismo si se trataba de pasar revista a su guardia, de asistir a un estreno teatral o, simplemente, de salir a tomar el sol, antes de la comida. Cambiaba su atavío una porción de veces al día y, cuando alguien preguntaba por él, invariablemente recibía la misma respuesta: "El emperador se halla ocupado con su sastre".

La capital de aquel reino era una de las mas bellas y alegres de aquel entonces, y diariamente acudían extranjeros a visitarla. Algunos de éstos, seducidos por el ambiente de cordialidad que en ella reinaba, decidían quedarse allí. Y así ocurrió con dos vividores que anunciaron ser capaces de tejer las más bellas y ricas telas del mundo. Y no solamente esto, sino que, además, sus telas tenían la propiedad de ser invisibles para todo aquél que careciese de las cualidades necesarias para desempeñar el cargo que ostentase o que fuese, simplemente, estúpido,

El emperador lo supo en seguida.

Deben ser trajes de maravilla —se dijo—. Llevándolos yo, descubriría a aquellos de mis servidores que ocupan un lugar inmerecido en el reino, a los que son tontos o a los que poseen una inteligencia despierta y brillante. Sí, estoy decidido; daré orden inmediatamente para que me hagan un vestido para mí de esa maravillosa tela.

Tal como lo pensó, lo hizo. Dio orden de que se confeccionase el más fabuloso de los vestidos que emperador alguno haya podido llegar a poseer jamás. Adelantó para ello una considerable suma de dinero, y los dos estafadores pusieron manos a la obra inmediatamente, instalándose junto a un telar que no contenía absolutamente nada y permaneciendo en él hasta altas horas de la noche. Si dejaban su trabajo un instante, era para pedir más dinero y con él comprar sedas finísimas e hilos de oro puro. Pero la verdad es que se guardaban el dinero y seguían pasándose las horas muertas junto al telar.

—Me gustaría mucho saber cómo está mi vestido —se dijo un día el emperador—. Pero recordó que no podría verlo un inepto y sintió una extraña inquietud. Estaba seguro de que no tenía nada que temer, pero, por otra parte, prefería que otro lo viese primero.

Todos en el Imperio sabían ya cuál era la extraña virtud de aquella tela y todos desean, por medio de ella, conocer el grado de estupidez e inteligencia de sus conciudadanos.

Mandaré a mi primer ministro —se dijo el emperador—; no hay nadie más capaz que él ni más inteligente y, por lo tanto, sabrá apreciar en todo su valor el trabajo de los artesanos.

Y el ministro, obediente, se presentó a examinar el trabajo realizado por ambos truhanes.

"¡Dios bendito! —se dijo el buen hombre al ver los telares vacíos—. ¿Será posible que yo no vea nada? ¿Que sea yo un estúpido o no esté capacitado para desempeñar dignamente mis funciones?"

No obstante, nada dijo de lo que en realidad veía.

—¡Qué maravilla! ¡Qué delicadeza de tonalidades y dibujos!— exclamó, mirando atentamente el vacío telar—. ¡Es realmente extraordinario! Comunicaré a mi señor el emperador el magnifico trabajo que estáis realizando.

Nos alegramos infinito, señor ministro, de que os plazca nuestra labor —respondieron los tejedores, extendiéndose al mismo tiempo, en toda clase de detalles, que el ministro guardó muy bien en su mente para luego repetirlos al emperador. Y así lo hizo, en efecto.

No tardaron nada ambos granujas en pedir más dinero, alegando que tenían necesidad de más oro y más seda. Y, como en anteriores ocasiones, volvieron a guardárselo.

Días más tarde el emperador volvió a enviar a otro cortesano para enterarse de los progresos realizados y para saber cuándo quedaría terminado el trabajo. A este honrado caballero le ocurrió lo mismo que al primer ministro, pero nada quiso decir tampoco. Por más que miró y remiró el telar, no vio nada, porque nada había que ver.

—¿Acaso no le gusta el tejido? —preguntaron los fingidos tejedores.

"Tonto, seguro que no lo soy —pensaba el buen hombre—. ¿Será que no soy digno del lugar que ocupo? ¡Qué horror! No me parece creíble, pero de todas maneras, me guardaré muy bien de decir lo que estoy viendo.

Por lo tanto, se extendió en frases de elogio y admiración para ambos hombres, por su admirable labor.

Es realmente único, incomparable, señor—dijo más tarde al emperador.

En todo el país no se hablaba de otra cosa que de la tela maravillosa, y el mismo emperador no pudo contener por más tiempo su impaciencia; seguido de una numerosa y selecta comitiva, se dirigió al lugar donde se hallaban los trabajadores, que seguían tejiendo con toda su alma y sin ningún hilo.

—¿Verdad que es soberbio? —le dijeron los dos hombres de Estado que le habían precedido—. Observe Vuestra Majestad la riqueza del colorido y la originalidad de los dibujos.

Y señalaron el telar vacío, convencidos de que todos lo estaban viendo.

"¿Qué me está ocurriendo?—se dijo consternado el emperador—. ¡No veo nada absolutamente! ¡Es terrible! ¿Será que soy estúpido? ¿O será que soy indigno de mi imperio? Eso sería una catástrofe espantosa."

Realmente es muy hermoso —dijo— y merece mi aprobación más entusiasta.

Y miró y remiró la tela imaginaria, haciendo elogiosos comentarios. Y aunque todos los de la comitiva veían tanto como los demás, decían también lo mismo.

—¡Es bellísimo! —repetían.

Y aconsejaron al emperador que lo luciese en un solemne cortejo que había de tener lugar próximamente.

Los comentarios ponderando las excelencias y belleza de la tela, corrieron de boca en boca. Todos se mostraban muy satisfechos y el emperador, persuadido de que realmente lo merecían, concedió a los dos tejedores el título de "Tejedores de la Corte" y la encomienda de una orden de caballería.

La víspera del día señalado para el cortejo, los dos estafadores estuvieron trabajando la noche entera, alumbrados por más de dieciséis lámparas. La gente que les observaba les vio sacar del telar la tela que no existía, cortar el aire con grandes tijeras y coser con agujas enhebradas con invisible hilo. Por fin, anunciaron:

Está terminado el traje del emperador.

El emperador, acompañado de su séquito, penetró en el taller. Los tejedores levantaron sus brazos vacíos, en actitud de sostener algo, y dijeron:

—¡He aquí la casaca de Su Majestad! ¡Y los pantalones! ¡Y el chaleco! Y por fin señor, ¡he aquí el manto! La tela es finísima como tela de araña. La llevaréis como si no llevaseis nada.

—¡Realmente es así! —decían los cortesanos, aunque no veían nada.

Si su Majestad nos lo permite, le pondremos el nuevo traje.

El emperador se quitó lo ropa que llevaba y los dos truhanes se dispusieron a vestirle, prenda por prenda, mientras él se contorneaba delante del espejo.

—¡Qué admirablemente le cae el nuevo traje! ¡Qué espléndido es! ¡Qué elegancia la suya! —comentaban los cortesanos.

El jefe del ceremonial anunció:

La guardia que ha de acompañar a Vuestra Majestad está aguardando.

Estoy dispuesto ya—anunció el emperador.

Y dando una última vuelta ante el espejo, para que todos quedaran bien convencidos de que veía lo que llevaba puesto, —dijo por fin:

Estoy verdaderamente satisfecho de mi traje nuevo. ¿No es cierto que me cae bien?

Los chambelanes, que debían recogerle el manto, se inclinaron muy serios hasta el suelo, exactamente igual que si recogiesen la cola, echando luego a andar con las manos levantadas. No querían tampoco que nadie pensara que eran unos estúpidos.

El emperador apareció por fin ante el pueblo y todos, desde las puertas de sus casas, desde las ventanas y alineados a lo largo de la calle, exclamaban al verle:

—¡Qué precioso vestido! ¡Con qué prestancia lo lleva! ¡Y qué cola!

Aunque nada veían, ninguno quería que los demás lo supiesen, para no demostrar su estupidez o su incapacidad para desempeñar el cargo que ocupaban. Y no tenia el emperador ningún traje que hubiera agradado tanto a todo el mundo sin excepción.

—¡Pero si no lleva nada puesto! —dijo candorosamente una niña.

—¡Dios del cielo! ¿Oís a mi hija? —exclamó su padre.

Inmediatamente corrió como reguero de pólvora la noticia de lo que acababa de descubrir aquella inocente criatura.

—¡No lleva nada! ¡Lo acaba de decir una niña! —se decían unos a otros.

—¡El emperador se pasea sin ropa alguna! —acabó gritando todo el pueblo.

Y él, que hacia rato que estaba sintiéndose muy incómodo, porque también lo sospechaba, pensó que después de todo, lo hecho, hecho estaba ya. Y adoptando todavía una postura más erguida, continuó adelante. Y ambos chambelanes, tan estirados como él, continuaron sosteniendo la invisible cola con el aire más solemne del mundo.

La Niña de los Fósforos

Las sombras de la noche avanzaban sobre la tierra dura y helada, y por doquier hacía un frío horrible: nevaba...

Eran los últimos días del año, vísperas del nuevo, y en medio del frío y de la creciente oscuridad, una pobre niña caminaba penosamente por las calles.

¡Cómo temblaba ella, sin abrigo y medio descalza! Sí, llevaba unas alpargatas, pero de nada le servían porque estaban llenas de agujeros y remiendos hasta el punto de que parecíale a la niña andar sobre la misma nieve.

En uno de los bolsillos del raído delantal llevaba la pobre cilla un paquete de cajas de cerillas, mientras que con una mano sostenía una caja. En toda la jornada no había conseguido vender nada, ni nadie tampoco se había compadecido de la pobre vendedora de fósforos.

Parecía la imagen de la desdicha muerta de hambre y tiritando. Los copos de nieve menudeaban cada vez más, y al caer sobre los dorados bucles de la niña semejaban estrellas del cielo posadas junto a rayos de sol. Arriba, en las viviendas tibias y confortables, las gentes comían y bebían, olvidando a los pobres de la calle fría. Luces de alegría, reflejos de dicha íntima y entrañable, emergiendo a la calle helada y sola con los efluvios de suculentos guisos. ¡Ah, los infelices y los pobres no gozarían de aquella jornada memorable!

La pequeña vendedora de fósforos continuó avanzando por las calles desoladas, hasta que alcanzó un soporta. Allí, en un ángulo formado por dos casas, sentóse como mejor pudo, tratando de abrigar en vano sus pies con el calor de su cuerpo.

Por un momento pensó incluso en regresar a casa. ¡Era Nochevieja! Sí, sí, pero... ¿y su padre? ¡Ah, su padre! Si ella volvía a casa sin haber vendido una sola caja de fósforos, su padre la pegaría mucho. Además, en casa hacía tanto frío como allí, en aquel rincón del soportal callejero, por donde entraba ululando el viento del norte barriendo la nieve...

La niña sentía las manos yertas. ¡Ah, Dios mío! "¿Y si probara a encender una cerilla? —pensó—. Tal vez conseguiría entrar en calor..."

Y así lo hizo, incapaz de seguir soportando la horrible temperatura, que descendía por momentos. Y sacando un fósforo, frotó con él la pared contigua: ¡ris, ras!... ¡Ya está!

¡Qué grata llamita surgió entonces en el frío rincón!

Si, era una llama cálida, brillante como un lucero del cielo. La niña notó el calorcillo extendiendo sobre el fósforo una de sus temblonas manitas. ¡Y pensar que habia gente que a tales horas se estaban calentando ante una suntuosa chimenea de salón con soberbia repisa de mármol! ¿Qué falta hacia todo eso, si con un miserable fósforo era suficiente?

Y la pequeña vendedora de cerillas creyó hallarse en aquel instante ante una de tales chimeneas, contemplando el chisporroteo alegre y reconfortable de los leños... pero, ¡oh, Señor!, cuando fue a alargar los pies para calentarlos, apagóse la cerilla, reinaron de nuevo las sombras... ¡y la chimenea desapareció de su mente!

Pero tenia más cerillas en el bolsillo de su delantal. Una caja, dos cajas, muchas cajas... Y frotó otro fósforo en el muro.

Se encendió y quedó de nuevo brillando otra llamita que, al proyectarse en la pared, transmitió a ésta una transparencia que permitió a la niña ver el interior de la casa: una casa rica, confortable, donde lucia esplendorosa

una mesa provista de excelentes viandas, bajo luces deslumbrantes que arrancaban vivos destellos a la finisima vajilla de China que había sobre los anaqueles y la mesa, llena también de botellas y copas de rutilante cristal... ¡Ah! ¿Qué vio la niña allí, en el centro de la mesa? ¡Un pavo! Un pavo enorme, con un tenedor y un cuchillo medio hundidos en la pechuga jugosa y humeante aún... Entonces ocurrió algo inesperado: el pavo dio un salto y voló hacia la vendedora de cerillas, que se dispuso a tomarlo con sus frías manitas. Pero en aquel momento la cerilla se le cayó al suelo y se apagó, sumiéndola en la oscuridad anterior, sin visión alguna y cada vez con más frío.

La pequeña vendedora sacó otro fósforo y lo encendió. Y vio que, de pronto, se hallaba sentada ante un hermosisimo árbol de Navidad repleto de cosas maravillosas: muñecas, caras sonriendo entre las verdes ramas repletas de mágicas lucecitas. Muñecas preciosas que la sonreían a ella, a la pobre vendedora de fósforos, que nunca había jugado porque nadie había caído en]a cuenta de que a las niñas pobres también les gustan las muñecas.

Tendióles la niña sus manitas ateridas, en un afán infinito de acariciarlas... y entonces la cerilla se apagó, y las lucecitas mágicas del lindo árbol de Navidad subieron alto, muy alto, hasta confundirse con las estrellas que en aquel instante temblaban en la bóveda celeste, tras la copiosa nevada caída sobre la tierra. Y uno de aquellos luceritos cayó en la inmensidad,

dejando una especie de polvillo sutil.

Alguien ha muerto —balbuceó la pequeña vendedora de fósforos, recordando las palabras que su abuelita le dijo un día al respecto: “Cuando una estrella cae del cielo, un alma buena vuela hacia él”.

Su abuelita habia muerto ya, y la niña acordóse de ella más que nunca, entonces. Había sido el único ser de este mundo que le habia amado de corazón.

—¡Oh, abuelita! —exclamo—. ¿Por qué no me llevas contigo?

Encendió otra cerilla, y a la luz de la llama, contempló asombrada la venerable figura de su abuelita, que la sonreía desde un lugar lleno de calor.

—¡Abuelita, abuelita! —volvió a gritar la pequeña—. Sé que cuando se apague esta cerilla te desvanecerás como aquel fuego de la chimenea, como aquel rico pavo asado, como el maravilloso árbol de Navidad lleno de muñecas y de luces... ¡Llévame contigo!

Y tuvo miedo; miedo de quedarse sola, en medio de la oscuridad y del frío. Y apresuróse a encender todas las cerillas que contenía una de las cajas, para prolongar un poquito más la dichosa visión de su abuelita. Y los fósforos ardían con tal viveza y esplendor, que alumbraban más que los rayos del sol en el estío. Y su abuelita la tomó entonces en sus brazos y se la llevó volando por un sendero celeste inundado de luz, hasta el cielo, donde la pequeña vendedora no sintió ya más frío, ni el hambre, ni el egoísmo de las gentes, ni tampoco los golpes de su padre...

* * *

Unas horas más tarde, en la helada madrugada, hallaron a la niña de los fósforos sentadita aún bajo el soportal, en el ángulo sombrío y helado formado por las dos casas. En sus labios entreabiertos florecía una angelical sonrisa. Había muerto de frío en la Nochevieja...

El sol del Ano Nuevo la amortajó con sus primeros rayos. La pequeña estaba rígida, conservando todavía en el bolsillo de su raído delantal el paquete de las cerillas, del que había consumido una caja entera.

La pobrecilla quiso calentarse, sin duda —murmuraron algunos vecinos.

Pero eso si; nadie fue capaz de adivinar siquiera, de sospechar jamás las maravillas que la niña de los fósforos habia visto, ni a qué lugar feliz la habia llevado su abuelita...

El Patito Feo

¡Qué bello estaba el campo, bañado por la luz del sol de aquel estío tan maravilloso! Refulgían los trigales dorados, en contraste con la verde avena. Y en los prados podían verse los haces de forraje recién segado, sobre los que sobrevolaban graciosamente varias cigüeñas de rojas patas.

Dominando el paisaje se erguía una alquería rodeada de acequias. Y tanta era la vegetación que por allí crecía, que nada tuvo de raro que la hembra de un pato fuera a poner allí su nido.

El ave, al cabo de algunos días, permanecía sobre los huevos espiando la próxima salida de los patitos, y ya empezaba por cierto a cansarse, pues los animalitos tardaban bastante en salir y, además, sus amigas, en vez de ir a visitarla, preferían nadar atolondradamente por las vecinas acequias y pequeños estanques, que también abundaban en la alquería.

Por fin, uno tras otro, los patitos fueron rompiendo el cascarón y salieron sus amarillos y chatos picos, ansiosos de ver mundo.

—¡Cuac, cuac, cuac! —llamó la solicita madre.

Y uno tras otro fueron siguiéndola y curioseándolo todo a su paso. Y su mamá no se impacientó por ello, ya que opinaba que el color verde es bueno para la vista.

—¡Oh, nunca hubiera imaginado que el mundo era tan grande!—dijo, lleno de admiración, el patito más pequeño.

Y no era extraño, por cierto, que así se lo pareciese, comparándolo con el estrecho reducto del cascarón.

La madre se echó a reír al oírlo.

—¿Te crees que es sólo lo que ves? No, hijo mío, el mundo es mucho más grande de lo que ahora imagináis. Todavía llega hasta más allá del jardín, donde hay un campo muy grande que pertenece a la casa del párroco. Está tan lejos, que yo no he conseguido nunca llegar a pie.

Y los patitos, escuchándola, quedaron muy admirados.

—¡A ver, voy a contaros de nuevo! Uno..., dos..., tres...—hizo un gesto de fastidio—. Todavía no. ¿Cuándo se terminará esto? Falta nada menos que el más grande.

Y volvió a ponerse de nuevo en el nido.

Una pata vieja acudió entonces a visitarla.

—¿Qué tal? ¿Cómo va eso?—preguntó afablemente.

—¡Mira, chica! Aquí estoy todavía porque hay un huevo que no acaba de abrirse. Pero fíjate en los demás, mira qué gloria de hijos. ¿Has visto alguna vez patos más preciosos y robustos? Son el mismo retrato de su padre.

Paciencia, hija, ¿qué le vamos a hacer? Déjame que vea ese huevo. A lo mejor te pasa a ti lo que me ocurrió a mi una vez; figúrate que me pusieron un huevo de pava, y no puedes imaginar las angustias que pasé para enseñarle a nadar. No acabo de entender a esa gente, le tienen un miedo cerval al agua. ¿A ver? ¡Claro que es de pavo! Te aconsejo que no pierdas el tiempo y te dediques a tus hijos.

Bueno. ¿Qué importa ya quedarme un poco más aquí? Después de tantos días lo mismo me da.

—¡Tú misma! ¡Y ahora te dejo! ¡Hasta la vista!—y la pata vieja se marchó.

Por fin, como era de esperar, el nuevo hijuelo rompió el cascarón. Era largo y muy enjuto. La madre le contempló descorazonada.

—¡Qué feo es! ¡En mi vida he visto nada tan horrible! No parece hermano de los otros, la verdad. ¿Y si fuera un pavo, como dijo aquélla? Lo mejor es llevarlos mañana mismo a nadar y así saldremos de dudas.

Como ya se habia ido el sol, la pata y sus hijitos se echaron a dormir en espera del nuevo dia.

Este amaneció radiante y les despertó el sol dando de lleno en el nido. Sin perder tiempo, la pata pasó lista y echó a andar después, muy erguida, seguida de toda su familia.

—¡Cuac, cuac, cuac! —dijo, metiéndose en el agua.

Y los patitos la siguieron sin pestañear, zambulléndose como perfectos nadadores y saliendo luego a la superficie y moviendo sus patitas con pericia. La madre se fijó especialmente en el patito desgarbado y feo y se asombró de ver que ninguno nadaba tan bien como él.

—¡Qué va a ser un pavo! ¡Es un verdadero hijo mío! No hay más que ver con qué elegancia mueve sus patas y lo erguido que se mantiene. ¡Vamos, hijos míos! Seguidme sin apartaros de mí; os voy a llevar al corral para presentaros a mis amistades. Procurad comportaros con sensatez y buenas maneras y tened cuidado con el gato, que no suele ser buen amigo nuestro.

Cuando llegaron al corral, habia en éste un gran revuelo, motivado por una cabeza de anguila, que se disputaban dos familias y que al final se llevó el gato, riéndose de todos.

—¡Así es el mundo, hijos míos! Más vale que empecéis pronto a aprender.

Y al mismo tiempo pensaba en lo sabrosa que debía de estar la cabeza de anguila.

Vamos, apresurad el paso, pero sin moveros de mi lado. Y debéis mantener más erguida la cabeza. Inclinadla cuando paséis por delante del pato viejo que está en aquel extremo. ¿Lo veis ya? Es el pato más respetable e importante que hay en el corral. Es de raza española y esa cinta roja que lleva en una pata es una señal de su alta distinción. Es el galardón más preciado que puede merecer un pato. ¡Y más prisa, por favor! Debéis encorvar un poco más el cuello y no doblar los dedos como hacen los patos mal educados. Ahora decid: ¡Cuac!

Todos los patitos obedecían mansamente las instrucciones de su madre.

Los demás patos del corral se iban acercando y rodeándolos, haciendo comentarios muy poco halagüeños.

—¿Qué falta nos hacían más patos? ¡Ya éramos bastantes para que ahora vengan éstos a disputarnos nuestra comida!

De pronto uno de los grandullones, dijo:

—¡Eh, fijaos qué pato más feo! ¿Habéis visto nada igual?

—¡Fuera! ¡Fuera ese pato feo!—gritaron los demás.

La madre se indignó.

—¡No os atreváis a tocarle! ¡El no os ha hecho ningún daño!

—¡Es demasiado grande! ¡Es horrible y no se parece a ninguno de nosotros!

El patito feo estaba realmente asustado. Entonces llegaron junto al pato viejo e importante.

—¡Qué hermosa pollada!—dijo éste, felicitando a la madre—. Esto te honra, amiga mía! Todos son muy bonitos, pero ese tan feo está hecho una verdadera calamidad. ¿No puedes volver a incubarlo?

No es posible, alteza —dijo la madre, haciendo una reverencia—;pero tampoco tiene mucha importancia que no sea guapo. En cambio, es muy buen muchacho y, con el tiempo, mejorará de aspecto. Lo que ocurre es que estuvo demasiado tiempo en el huevo.

Y le acarició tiernamente la cabeza.

Va a ser muy fuerte y se abrirá paso en la vida. Y eso si que tiene importancia.

El pato viejo suspiró.

—¡En fin! Quizá tengas razón. Pero no olvides traerme una cabeza de anguila, si la encuentras.

El primer día de vida de los patitos fue, sin duda, bastante feliz para todos, excepto para el pobre patito feo. Todos jugaron y corretearon a sus anchas, pero en cambio él, el pobrecito, se sintió vejado, despreciado, escarnecido... todos, patos y gallinas, se burlaban de él y le maltrataban sin compasión.

Es demasiado grande y demasiado feo —decían todos.

Los días sucesivos, todavía fue peor. No le dejaban vivir. Hasta sus propios hermanos le decían: "¿Por qué no te atrapará el gato y nos veremos libres de ti de una vez?". Incluso la niña que daba de comer a los animalitos del corral le apartaba a puntapiés cuando se acercaba mucho a ella.

Y el pobre patito feo se sentía muy desgraciado por todo.

Un dia, tomando impulso, echó a volar y logró saltar la tapia que rodeaba el huerto, espantando a su paso a los pajarillos que habia en las ramas próximas.

—¡Hasta ellos se asustan de mi fealdad! —se dijo entristecido.

Cerró los ojos para no verlo y siguió volando. Llegó hasta el gran estanque, donde habitaban los patos silvestres, y durmió allí aquella noche, pues estaba cansado de tanto volar.

A la mañana siguiente, cuando los patos silvestres levantaron el vuelo, se encontraron con el nuevo huésped.

—¿De dónde has salido tú? —le preguntaron—. ¡Eres feísimo, muchacho! Pero, bueno, siempre que te comportes bien, la cosa no tiene importancia para nosotros. Y portarse bien quiere decir que no debes intentar casarte con ninguna pata de nuestra familia.

Pero el pobre patito no pensaba en ello, ni mucho menos. ¿Cómo iba a ser de otro modo? El, a lo único que aspiraba era a dormir tranquilo, a nadar en paz y a comer y beber sin que se lo impidieran los picotazos de sus compañeros.

Y allí se quedó. Al cabo de dos días, dos ánsares, muy simpáticos y parlanchines, se acercaron a él para decirle:

Eres bastante feillo, pero, por eso mismo, nos gustas mucho. ¿Quieres venir con nosotros y convertirte en ave de paso? Resulta muy divertido, ya verás. Te llevaremos a un estanque cercano donde viven unas ocas solteras y de muy buen ver. Es una buena ocasión para ti, si encuentras un buen partido, a pesar de lo feo que eres. ¿Qué decides?

Pero el patito no tuvo tiempo de decidir.

—¡Pum! ¡Pum! —se oyó de pronto.

Y los dos ánsares silvestres cayeron muertos en la ciénaga enrojeciendo el agua con su sangre. Se oyeron nuevos disparos y una bandada de ánsares salió huyendo de entre los cañizares.

Era una gran cacería. Los cazadores se habían apostado junto a los matorrales cercanos y en los árboles. Un humo azulado se extendía sobre el pantano y se oían próximas las pisadas de los perros, chapoteando sobre el légamo. Los juncos y las cañas crujían por todas partes.

¡Qué angustias pasó el pobre patito! Tenía la cabeza escondida debajo del ala y no sabia dónde meterse. De improviso, una vaharada de cálido aliento le envolvió. Tímidamente asomó la cabeza y quedó helado de espanto al ver un enorme perrazo que, muy quieto, le contemplaba atentamente. El patito vio sus ojos centelleantes, las abiertas fauces y los agudos colmillos, y pensó que habia llegado su último instante. Pero el perrazo se acercó más a él, le husmeó y se alejó sin tocarlo.

—¡Dios Santo! Soy tan feo, que ni siquiera para morderme me quieren los perros.

Pero siguió allí muy quieto, mientras los disparos hendían el aire y se oía el furioso ladrar de la jauría. Muy tarde ya, cesó la cacería, pero él seguía todavía sin moverse. Pasaron unas horas y, entonces, muy despacio, exploró cautelosamente los alrededores, antes de alzarse volando.

Atravesó praderas, campos y jardines y, por fin, cuando ya era de noche, llegó a una humilde casita de campesinos. Estaba tan ruinosa, que se mantenía en pie por verdadero milagro.

El patito venia muy cansado y soplaba un viento muy fuerte que le obligaba a tener agachada la cabeza.

—¡Si encontrara un cobijo!... —suspiró.

Y entonces descubrió que a la puerta de la casa le faltaba uno de los goznes y que a través de las tablas carcomidas le seria fácil pasar. Y sin pensarlo dos veces, eso fue lo que hizo.

En aquella casita, que más bien parecía una choza por lo ruinosa, vivía una mujer sin más compañía que la de un gato y una gallina. El gato era un bonito animal de brillante pelo, que ronroneaba y sabia arquear el lomo y echar chispas, aunque esto último lo hacia solamente si se le frotaba a contra pelo. La mujer le llamaba "Mihijita". La gallina, que tenia unas patas muy cortas, ponía unos huevos preciosos, y la buena mujer la quería como a una hija. A ella la llamaba "Patascortas".

Hasta el dia siguiente no descubrieron su presencia en la casa. En cuanto fue advertida, el gato empezó a ronronear y la gallina a cacarear.

—¿Qué ocurre?—preguntó la mujer, extrañada.

Entonces descubrió ella también al intruso y, como era bastante corta de vista, se creyó que ya era un pato mayor y se puso muy contenta.

—¡Vaya una suerte la mía! Seguramente es una hembra y podré tener huevos de pata también. ¡Vamos a ver!

Pero, como no quedó muy convencida de si era hembra o no, decidió, en principio, quedarse con él hasta comprobarlo.

Me parece que en tres semanas hay tiempo de que demuestres para lo que sirves.

Pero los días pasaban y los huevos se hacían esperar. Mientras tanto, el patito fue conociendo a los moradores de la casa. El gato era en realidad el dueño, y la dueña era la gallina. Ambos estaban convencidos de que constituían lo más selecto de cuanto existía y trataban a los demás como a seres inferiores. El patito creyó que podría convencerles de lo contrario, pero ni siquiera le dejaron hablar.

Vamos a ver, ¿tú para qué sirves? ¿Sabes siquiera poner huevos? —preguntó la gallina.

No.

En ese caso, soy de la opinión que debes callar —afirmó contundentemente.

Entonces le preguntó el gato:

Y si no sabes poner huevos, ¿sabes al menos ronronear y echar chispas?

Tampoco.

Pues no comprendo que tengas la osadía de exponer tu opinión en presencia de personas sensatas.

El patito quedó francamente confundido. Apartóse a un rincón y decidió no volver a hablar.

Pero al dia siguiente el sol entró a raudales en la pequeña casa y al patito le entró un deseo enorme de nadar, de gozar de libertad, de aire puro, de alzar las alitas y de ser libre y feliz bajo la caricia del sol. Pero, sobre todo, su deseo de nadar fue imperioso y no pudo menos que expresarlo en voz alta.

—¡Qué cosas tan extrañas dices! —exclamó escandalizada la gallina—. Eso te pasa por estar siempre ocioso, sin ninguna ocupación útil. Intenta poner huevos o, por lo menos, arquear el lomo, y así se te pasarán esos antojos improcedentes.

—¡Es que es tan hermoso zambullirse en el agua! —suspiró el patito—. ¡Y llegar hasta el fondo y sacar luego la cabeza y correr mucho! ¡Qué delicia!

—¡Si, seguramente! —dijo ella, sarcástica—. Tú debes de haber perdido el buen juicio, si es que alguna vez lo has tenido. Pregúntale al gato, que es el ser más razonable y sensato que conozco, si ha tenido él alguna vez semejantes deseos. De mí misma, de mi capacidad de raciocinio, no quiero hablarte, pero pregúntaselo a él o pregúntaselo a la vieja, que tiene una gran experiencia. Anda, díselo; dile si alguna vez ha tenido deseos de meterse de cabeza en el agua y de nadar.

Tú no me comprendes —dijo el patito tristemente.

Y si no te comprendo, ¿quién te comprenderá entonces? Supongo que no vas a creerte a ti mismo más inteligente que el gato y que la vieja, para no hablar de mi. Debes procurar huir de la vanidad. ¿Acaso no te encuentras en una buena casa, al abrigo del frío y del hambre, y viviendo entre personas que te ofrecen su buen ejemplo para que te sirva de lección? Debes creerme, muchachito. Procura no ser tan ocioso y aprender algo práctico; aprende a poner huevos o, por lo menos, a ronronear o a echar chispas.

Creo que tendría que marcharme a correr mundo.

Si —aprobó la gallina—. No estaría mal que tal hicieses.

Y sin más, el patito se marchó. Se hartó de zambullirse

y de nadar, pero quienes le veían se alejaban de él porque era muy feo.

Al llegar el otoño las hojas de los árboles volviéronse amarillentas y todo el campo perdió aquel verdor tan lindo del buen tiempo. El tiempo comenzó a refrescar, y densos nubarrones sobrevolaban la tierra, muy bajos, cargados de nieve y de granizo... ¡Mal tiempo aquel, para el pobre patito feo! Una tarde, mientras el sol avanzaba hacia su ocaso, destacóse de las frondosidades de un bosque una numerosa bandada de grandes aves intensamente blancas. Todas teníian un cuello muy largo, esbelto y gracioso. ¡Nunca habia visto el patito nada tan bello! Aquellas aves eran cisnes y, mientras batían sus largas y vistosas alas, lanzaban un grito especial. Pero volaban a una altura tan considerable, que al pobre patito feo le dolía la cabeza de tanto mirar. Iba dando vueltas y más vueltas en las heladas aguas de un estanque, con el cuello tenso hacia lo alto. Entonces lanzó un grito que le asustó a él mismo. ¡Cómo le habían impresionado aquellas lindas aves! Y cuando las perdió de vista se sumergía hasta las profundidades. Luego, al volver a emerger a la superficie, parecía hallarse fuera de sí. ¿A dónde irían aquellas aves tan hermosas? El ni siquiera sabia cómo se llamaban, ni a qué lugar del mundo se dirigían. No las envidiaba tampoco, porque lo cierto es que no deseaba para él tanta belleza. ¡Pobre patito feo! Así, feo como era, hubiera sido suficiente para él saberse tranquilo entre los suyos, se hubiera sentido dichoso si los patos le hubiesen tolerado en su compañía.

Y pasaron los días, y el invierno fue haciéndose más crudo, hasta el punto de que el patito tenia que estar siempre nadando, para que el agua que le circundaba no se helara del todo. Tanto frío reinaba por doquier, que cada noche se hacia más chico el espacio en que el patito nadaba... Y se heló tanto, que el desdichado animalito se veía obligado a mover continuamente una pata para que no le aprisionara el helado circulo que lo envolvía. Hasta que, finalmente, rendido de cansancio, quedó preso.

Al amanecer del dfa siguiente lo vio un campesino que por allí pasaba casualmente. El buen hombre acercóse al hielo, lo rompió con los pies como mejor pudo y, tomando cariñosamente al patito entre sus brazos, lo llevó a su casa, donde se lo confió a su mujer. En aquel lugar, tibio y bastante confortable, el animalito sintióse retornar a la vida. Los niños de la casa querían jugar con él, pero, asustado el patito y creyendo que iban a maltratarle, acabó por huir.

No fue muy lejos; en su atolondramiento, cayó en una cazuela que contenía leche, la cual vertió por completo.

La mujer del campesino puso el grito en el cielo, y entonces el patito, más asustado todavía, cayó en un barril de manteca y poco después en un saco lleno de harina... ¡Qué de peripecias! La mujer iba persiguiéndolo por todas partes, escandalizada de tanto estropicio, mientras los niños, riendo y gritando con todas sus fuerzas, trataban por su parte de alcanzarlo. Afortunadamente estaba la puerta abierta de par en par, y el animalito pudo huir, corriendo velozmente a través de unos matojos cubiertos de fría nieve...

Resultaría muy triste relatar aquí las desventuras, penas y fatigas del patito feo durante aquel largo y crudo invierno. Nos limitaremos a decir que cuando el sol comenzaba a calentar la tierra, se hallaba el infeliz guareciéndose entre los juncos de un estanque. ¡Habia llegado la hermosa primavera!

Un dia, cuando menos lo esperaba, ocurrióle un incidente que él debió calificar como algo prodigioso: al desplegar sus alas advirtió que éstas hendían el aire con más fuerza que antes y lo trasladaban con impresionante rapidez a extraordinarias distancias, Sin que él llegara a saber cómo, se encontró de pronto en un bello jardín rodeado de manzanos en flor y numerosas lilas, las cuales desmayaban sus largas ramas sobre serpenteantes lianas. ¡Qué lindo lugar aquel para quedarse y vivir allí siempre!

Inesperadamente también, surgieron de la verde espesura tres hermosos cisnes, que surcaban el agua del estanque con su ligereza. El patito feo creyó reconocer a aquellos arrogantes animales, y entonces sintióse dominado por una profunda y extraña melancolía.

—¡Deseo poder volar y vivir junto a esas aves tan hermosas! —exclamó—. Pero me matarán sin duda, porque soy feo y desentono a su lado...

Quedó sumido en hondas reflexiones y añadió:

—¡No importa! ¡Prefiero que ellos me maten a vivir maltratado continuamente por los patos, picoteado por las gallinas de los corrales y acosado siempre por la gente!...

Y volando hasta el lugar donde nadaban los cisnes, quedó allí, junto a ellos, con las alas abatidas, humilde y mísero como aguardando el fatal e inevitable castigo...

—Podéis matarme —balbuceó el infeliz patito. Entonces..., ¿qué es lo que vio en el agua cristalina? Pues su propia imagen. Pero comprobó en aquel instante que ya no era un ave de color terroso, un pato tosco y feo. ¡Vio que era un cisne!

¡Ah, qué inmensamente feliz sintióse entonces el patito feo! Todas sus desgracias, las penas y trabajos sufridos quedaban reducidos a nada, al lado de la dicha que sentía. Los cisnes más grandes del estanque pusieronse a nadar a su lado, mientras los demás le acariciaban con el pico.

Poco después llegaron unos niños al estanque y echaron migas de pan y granitos de maíz al agua. El más pequeño de aquellos niños exclamó:

—¡Hay un cisne nuevo!

—¡Y qué bello es!—corearon los demás.

Y todos, palmoteando de júbilo, corrieron a comunicar la grata noticia a sus padres. Minutos más tarde regresaron al estanque llevando consigo trozos de pastel, con los que obsequiaron a la bandada de cisnes, todo en honor del recién llegado.

—¡Sí, sí, es el cisne más hermoso del estanque!

Y los cisnes más viejos del lugar movían bondadosamente sus cabezas, como reconociendo la hermosura del cisne nuevo.

Este acabó por sentirse avergonzado y, no sabiendo qué hacer, escondió su cabeza bajo las alas, confuso. Se sentía desfallecer de intensa felicidad, pero no vayáis a creer que se enorgulleció de ella, pues quien posee buen corazón, jamás es orgulloso. El antiguo patito feo, que en anteriores ocasiones se viera tan desgraciado, era proclamado ahora, por unanimidad, como la más hermosa de todas las aves creadas por Dios. Hasta los juncos de las orillas, y las lilas y las rosas, tendieron sus ramas hacia el estanque. Y hasta el sol envió su más suave y reconfortante calor.

Entonces el nuevo cisne esponjó su niveo plumaje, irguió el gracioso cuello en toda su esbeltez y pensó en su interior, rebosante de dicha:

Jamás podía yo soñar siquiera tanta felicidad! cuando era el pobre patito feo...

El Porquerizo

Pues... érase que se era un príncipe, no muy rico por cierto, dueño y señor de un reino bastante chico. Este príncipe deseaba casarse, pero pensaba que, siendo un poco pobre, resultaba casi audaz atreverse a ir a ver al emperador y decirle: "Señor, vengo a pedir la mano de vuestra hija".

Pero el caso es que él se atrevió. Con todo y no ser rico, el príncipe de este cuento gozaba de cierta fama, y más de cien princesas estaban realmente dispuestas a contestar con un "sí, a la galante y sentimental petición. Con que... si queréis saber lo que sucedió, seguid leyendo, amiguitos.

En la tumba del padre del príncipe crecía un rosal, el cual florecía una vez cada cinco años y, aún así, sólo daba una rosa. ¡Pero si hubierais visto qué rosa! Tan suave aroma despedía, que, oliéndola, se olvidaban las peores cosas de la vida; penas, trabajos, sinsabores, amarguras, deudas y quebrantos. Y además de esta rosa verdaderamente prodigiosa, nuestro príncipe tenia un ruiseñor que cantaba con tal maestría, de un modo tan maravilloso, que parecía que todas las melodías más bellas del mundo se hubieran ido a alojar en su pequeña garganta. Así es que no es de extrañar que el príncipe se sintiera orgullosos de sus dos cosas mejores: la rosa y el ruiseñor. Ni tampoco se extrañará nadie al saber que ambas cosas—el ruiseñor y la rosa— fueron enviadas a la princesa en sendas arquillas de plata y oro, cual dos presentes incomparables.

Siete pajes y dos heraldos fueron los portadores del presente y el emperador recibió a los mensajeros en el gran salón del trono, donde la princesa se hallaba jugando con sus doncellas de turno, pues jugar era lo que mejor sabia hacer la gentil princesita de nuestro cuento.

Cuando ella vio el regalo, palmoteó de júbilo, exclamando:

—¡Si se hubiera acordado de enviarme también un lindo gatito!

Al ver la rosa, aspiró su aroma, acarició sus aterciopelados pétalos y sintióse feliz. Pero fue un sentimiento efímero: lo que tardó en advertir que la rosa era natural.

—¡No es una rosa artificial! —exclamó con desaliento.

—¡Uf, qué pena! —añadió su padre, el emperador—. ¡Es una rosa natural! —Hizo una pausa y prosiguió—: Bien; antes de enojarnos con tu pretendiente, veamos qué contiene la otra arquilla.

—¡Es cierto! —gritó la princesa, intrigadisima—. Me habia olvidado de ella.

Y he aquí que, abierta la segunda arquilla, salió el ruiseñor y cantó tan admirablemente que, nadie en la Corte Imperial supo qué decir.

—¡Superbe! ¡Tré charmante! —exclamaron las doncellas de turno, parloteando un horrible francés del que presumían mucho.

Intervino un anciano gentilhombre, el cual dijo con voz engolada:

Ese pájaro me recuerda mucho a nuestra amada emperatriz, que en gloria esté. ¡Sobre todo el imperativo tono de su voz!

El emperador volvióse hacia el anciano y lanzó un suspiro profundísimo.

Tenéis razón, Rolando —dijo, secándose una lágrima que le rodaba mejilla abajo—. ¡Cómo me la recuerda a mi también! —Y se echó a llorar a moco tendido.

Imagino que no debe ser un pájaro artificial —dijo la princesita—. ¿Verdad que no es un pájaro artificial, padre amantisimo?

No, no —intervinieron otros cortesanos—. Es un ruiseñor de verdad—. Aquí no hay trampa ni cartón.

—¿Con qué si, eh? ¡Pues devolverle la libertad! —ordenó la princesa.

Y caprichosa, versátil, lunática y tornadiza, se enfadó mucho y prohibió a su pretendiente el príncipe que, bajo pretexto alguno, fuese a visitarla.

Mas no por eso desanimóse el doncel. Y tiznándose el rostro, tras haber trazado un plan, hundióse un viejo sombrero hasta las mismísimas cejas y llamó a la puerta del palacio imperial.

El emperador en persona asomó la cabeza.

—¿Qué quieres tú?—preguntó.

—¡Buenos días, gran señor! —saludó el príncipe—. ¿No podrías darme algún empleo en vuestro palacio?

El emperador dudó un poco y, al fin, respondió:

Pues, si... sólo que hay tantas peticiones hoy dia... Vamos a ver, déjame pensar... Cochero, tengo cincuenta que están esperando. Mayordomo, me sobran con los que tengo en palacio... ¡Un palafrenero! No, tú no tienes tipo para palafrenero... Centinela, menos aún... ¡Ya está! Tengo un empleo para ti, muchacho: ¡porquerizo! Si aceptas, te extiendo un nombramiento de porquerizo imperial. Tengo muchos cerdos en casa, y necesito quien me los cuide bien.

Y he aquí que el príncipe entró al servicio del emperador como porquerizo. Diósele una miserable habitación en el peor lugar del palacio, y el pobre se pasaba todo el dia trabajando como un pollino, vigilando los cerdos del emperador.

Un dia, tras haber trabajado como de costumbre, hizo una marmita rodeada de campanillas, las cuales, al hervir, tocaban una antigua tonada:

¡Oh, oh, Agustín querido,
todo está perdido, perdido, perdido!

Pero lo curioso es que, poniendo un dedo en el vapor de aquella marmita, podía olerse todo lo que se guisaba, en cada cocina de la ciudad.

La princesa no tardó mucho en pasar por allí cerca, seguida de todas sus doncellas de honor. Y, claro, al escuchar la melodía, se detuvo de pronto como embelesada, pues también ella conocía la letra de: "¡Oh, oh, Agustín querido!", si bien es cierto que era lo único que habia sido capaz de aprender de memoria, y lo ejecutaba a piano con un solo dedo.

—¡Pero si eso es lo que toco yo! —exclamó la princesa—. ¡Se tratará sin duda de un porquerizo muy bien educado!—Y dirigiéndose a sus damas de honor, añadió—:Entrad en la corraliza y preguntadle cuánto vale su instrumento musical.

Ninguna de las doncellas quería entrar, pues la corraliza es un lugar bastante desagradable, sobre todo para unas damas que —en el caso que nos ocupa— sabían hablar francés con tanta "distinción". Finalmente, la princesa convenció a una, la cual no entró sin antes calzarse unos zuecos de triple suela.

Cuando se vio en presencia del porquerizo, preguntóle:

—¿Cuánto quieres por ese trasto?

Pues... diez rosas.

—¿De quién deben ser las rosas?

De la princesa —replicóle el porquerizo.

—¡Ni lo sueñes, porquerizo! —gritó la dama de honor.

Poco después, la princesa preguntó qué pedía el porquerizo por el instrumento musical.

Diez rosas, que deberéis darle vos, alteza.

—¡De ninguna manera! —gritó la princesita, furiosisima.

Pues dice que no lo venderá a otro precio.

Al fin, y como quiera que la hija del emperador quería poseer el instrumento, accedió a dar las diez rosas que entregó una tras otra al supuesto porquerizo. Y ella recibió, a cambio, la marmita en cuestión.

Naturalmente, la marmita llenó de felicidad a la princesa y a las damas de honor. ¡Qué jolgorio, amiguitos! El dia y la noche se pasaban todas, y no hubo en la ciudad ni una sola cocina en que ellas no supieran lo que se guisaba, desde la del remendón hasta la del archiduque.

—¡Es maravilloso! —exclamaba la princesa—. ¡Ahora sabremos ciertamente quién es el que come mejor de todos!

Eso, eso—aprobaban las damas de honor—. ¡Qué divertido! Sabremos quién come sopas y puré, y quién faisán a la "escachouflé"!

Y pasaron algunos días. Todo el mundo, en palacio, seguía creyendo que el porquerizo era un verdadero porquerizo y no el príncipe del reino vecino, y el doncel, por su parte, discurría de tal modo, que no pasaba dia sin que inventara algo ingenioso. Una tarde fabricó una carraca que, al dar vueltas, tocaba todos los valses, polkas y mazurcas habidos y por haber.

—¡Superbe, superbe! —exclamó la princesa, al pasar por allí cerca—. Jamás oí nada parecido... ¡Escuchad, mis damas, escuchad!

Y al cabo de un rato, bajo el embrujo de aquella música, ya no podía contener las ansias de posesión de aquel objeto mágico.

Fue entre una y le pregunte a ese porquerizo el precio de ese instrumento tan maravilloso... ¡Pero, recordad! ¡Nada de rosas! ¿De cuándo acá una princesa entrega rosas a un miserable porquerizo?

Entró una dama de honor en la corraliza, y cuando salió, dijo a la princesa:

El porquerizo pide por el instrumento cien rosas vuestras, alteza.

La princesa se escandalizó.

—¡Ese hombre no está en su sano juicio!—gritó descompuesta. Y se alejó a toda prisa.

Pero, de pronto, se detuvo.

Al fin y al cabo—dijo—,conviene proteger el arte. ¡Y yo soy la hija del emperador y debo ser la primera en dar ejemplo! Decidle que le daré diez rosas, como en la anterior ocasión, y recibirá las restantes de vosotras, mis damas de honor.

—¿De nosotras? —preguntaron las damas—. ¡Eso nos hace poquísima gracia!

—¡Sois tontas! —reprochó la princesa—. Si yo le regalo una rosa, también podéis hacerlo vosotras. ¿Acaso olvidáis que soy yo quien os da de comer y os visto, y os permito estudiar ese francés que habláis, tan distinguido?

Tiene razón —susurraron todas las damas.

Minutos más tarde, entraron en la corraliza, provistas de rosas.

—¡Vamos, haced corro y entregad vuestras rosas, como entrego yo las mías! —ordenó la princesa.

Pero en aquel preciso instante, asomó por un ventanuco la gruesa cabeza del emperador.

—¿Qué significa ese corro, al lado de la pocilga? ¡Pero, si es mi propia hija, con todas sus damas de honor!

Y escandalizado por lo que veía, calóse sus antiparras

y bajó rápidamente a la corraliza. Conviene decir, para guía del lector, que ni la princesa ni sus distinguidas damas habían advertido la presencia de la imperial cabeza asomada al ventanuco, de modo que, cuando el emperador irrumpió como un alud en el lugar, ellas se hallaban bastante ocupadas haciendo corro, entregando las rosas al avispado porquerizo.

—¿Qué significa esto?—preguntó con voz de trueno.

Y quitándose un zapato, lo arrojó contra el grupo, alcanzando la cabeza de una de las damas. Esto ocurrió cuando el porquerizo recibía la rosa número ochenta y seis.

—¡Largo de aquí! —rugió el emperador, enojadisimo.

Como quiera que en el país, el entregar una rosa a un doncel equivalía a prenda segura de matrimonio, la princesa y el porquerizo fueron expulsados del Imperio.

—¡Qué desgraciada soy! —gemía la princesita, mientras andaba junto al supuesto porquerizo a través de montes y valles.

Pero el porquerizo ocultóse unos instantes tras un grueso árbol. Lavóse la cara —que falta le hacia, por cierto— arrojó sus harapos y... cuando se presentó de nuevo ante la princesa, lucia su más elegante uniforme. Tal atractivo estaba, que ella no pudo evitar hacerle una leve reverencia.

Os desprecio —dijo el príncipe—. Os desprecio profunda mente, porque vos despreciasteis primero al príncipe honrado y digno, y no supisteis valorar la rosa y el ruiseñor, mis dos mejores presentes. ¡Os burlasteis de ellos! Y en cambio, caprichosa como sois, por un deleznable juguete musical, entregasteis rosas a un porquerizo. ¡Que Dios os haga mejor princesa!

***

Y así diciendo, alejóse camino de su palacio. Tras sus pasos corría en vano la princesa. Cuando él penetró en su castillo, cerró la puerta tras si y ella, desde fuera, pudo cantar con verdadero acierto:

¡Oh, oh Agustín querido, todo está perdido, perdido, perdido...!

El Ruiseñor

Ya debéis saber, queridos lectorcitos, que en China el emperador es chino, y lo son también todos cuantos le rodean. La historia que voy a relataros, ocurrió allí hace muchos miles de años, pero esto no le resta interés, sino todo lo contrario y, por eso antes de olvidarla, quiero dejar constancia de ella.

Él palacio del emperador de la China era el más suntuoso y bello de todos los que existían en el mundo. Era de finisima porcelana, tan delicada y transparente, que era casi un tormento pisar sobre ella, por miedo a quebrarla. El jardín era un verdadero lugar de ensueño, pues estaba lleno de bellisimas flores y, entre las más hermosas, colgaban diminutas campanillas de plata que la brisa hacia tañer suavemente, atravesando la atención de cuantos pasaban por allí. Las proporciones del jardín eran grandiosas, tanto, que ni los mismos jardineros estaban seguros de dónde terminaba. Andando, andando, se llegaba hasta un frondoso bosque de altos árboles y grandes y profundos lagos. El bosque, terminaba junto al mar, azul y muy hondo y los barcos que transitaban por su orilla, recibían la caricia de las ramas de los árboles.

Entre éstas vivía un ruiseñor que cantaba maravillosamente y cuando por la noche salían los pescadores a recoger sus redes, deteníanse extáticos en su tarea para escuchar al ruiseñor.

—¡Dios del cielo! ¡Qué canto tan hermoso! —decían. Pero pronto, sumergidos en su trabajo, se olvidaban del ruiseñor.

Sin embargo, si a la noche siguiente volvían a oírle, de nuevo lanzaban la misma exclamación, como si antes no le hubiesen oído nunca.

A la capital del imperio, acudían gentes de todos los rincones del mundo. Visitaban la hermosa ciudad, el palacio maravilloso del emperador, sus jardines..., pero si llegaban al otro extremo del bosque, junto al mar, y allí oían al ruiseñor entonando su canción de cristal, ya no tenían elogios para nada más.

—¡No hay nada como eso! ¡Esto es lo más bello que hemos oído en la tierra! ¡Es lo mejor!

Y al regresar a sus países, lo relataban todo. Muchos eruditos escribían voluminosos libros ensalzando las bellezas del país, pero no olvidaban al ruiseñor, para quien eran las más calurosas alabanzas. Los que eran poetas, le dedicaban bellisimas rimas.

Se escribieron muchos de estos libros y, algunos de ellos, vinieron a parar a manos del emperador. Este los acogió muy gustosamente y, acomodado en su trono dorado, los leía complacidísimo, haciendo frecuentes signos afirmativos con la cabeza. Realmente le gustaba sobremanera que en el extranjero hablasen tanto y tan bien de sus dominios. Pero un dia, inopinadamente, leyó: "Pero lo mejor de todo, es el ruiseñor". Y esto le dejó sumamente confuso.

—¿Qué significa esto? —se dijo—. Este libro afirma que en mis dominios hay un ruiseñor con la voz más maravillosa del mundo. ¡Y yo sin enterarme! ¿Cómo es posible esto?

Inmediatamente llamó a su mayordomo mayor. Este era un caballero tan noble que cuando alguien, menos noble que él, tenia el atrevimiento de dirigirle la palabra, sólo se dignaba responderle: "¡Piuf...!" Lo cual, desde luego, no quiere decir gran cosa.

El emperador dijo:

En este libro hablan de un pájaro muy curioso, llamado ruiseñor, que habita en mi propio jardín. ¡Y del cual no he sabido nada hasta hoy! ¡Es vergonzoso que tenga que enterarme de esto por los libros! Se afirma que es lo mejor de mi imperio. ¿Por qué no se ha informado debidamente de su existencia?

Jamás hasta hoy he oído mencionar a tal personaje, majestad—respondió muy dignamente el mayordomo mayor—;yo sólo conozco a las personas que han sido presentadas en la corte.

Es mi deseo que esta noche cante para mí.

Corro a buscároslo, Majestad. Y ¡lo encontraré!

Si, pero, ¿dónde? A pesar de la buena voluntad de servir a su señor, el mayordomo subió y bajó escaleras, recorrió salones y corredores y un buen trecho de jardín. Después de preguntar a cuantas personas se encontraban por un pájaro llamado ruiseñor, tuvo que darse por vencido y volver sin él a la presencia del emperador.

Majestad, debe ser todo pura fábula. No hay que creer a pies juntillas todo cuanto dicen los libros porque, muchas veces, son invenciones de eso que llaman brujería.

Este libro, es un presente de mi gran amigo el emperador del Japón y nada de cuanto dice puede ser falso. ¡Quiero ver ese pájaro! ¡Goza, desde ahora, de mi protección imperial! Si no se presenta esta noche después de cenar, haré que mis cortesanos sean pisoteados y reciban cincuenta azotes en la barriga.

—¡Tislg—pe! —exclamó el mayordomo, haciendo una profunda reverencia y saliendo disparado.

Otra vez recorrió el palacio en todas direcciones y ahora seguido de la mayor parte de los cortesanos, pues a nadie le gustaba pensar en el castigo que les tenia reservado el emperador, máxime teniendo en cuenta que todos ellos estaban lo bastante gruesos, como para que los azotes en la barriga les resultasen sumamente fatigosos.

Por fin, después de interrogar a muchisimas personas, dieron con una muchachita que era criadita en la cocina y que, al oírles, exclamó:

—¿El ruiseñor? ¡Claro está que lo conozco! Me dejan salir todas las noches a llevarle las sobras de la comida a mi pobre madre, que está enferma. Ella vive en el extremo del bosque, junto a la playa, y cuando regreso cansada, y me siento bajo un árbol un instante, el canto del ruiseñor llega hasta mi y me hace saltar las lágrimas, pues me produce la misma impresión que los besos de mi madre.

Cocinerita; te daré un puesto fijo en la cocina y permiso para ver comer al emperador si ahora mismo nos llevas a presencia del ruiseñor, pues esta noche debe cantar en palacio—le dijo el mayordomo.

La cocinerita se mostró dispuesta a complacerle y precediendo a la comitiva de nobles, salió en dirección al bosque que lindaba con el mar. Por el camino llegó hasta ellos el mugido de una vaca.

—¡Ya está! ¡Ya lo tenemos! —gritó, alborozado, un impertinente jovenzuelo—. ¡Nunca hubiera imaginado que un animalito tan pequeño poseyera una voz tan potente! ¡Y hasta estoy seguro de haberlo oído en alguna otra ocasión!

No es el ruiseñor; eso es sólo una vaca —dijo la muchachita.

Siguieron andando y, al pasar junto a un estanque, las ranas se pusieron a croar.

—¡Delicioso! ¡Delicioso! —dijo el sacerdote chino del palacio—. ¡Parece el sonido de las campanillas de un templo!

Todavía no es el ruiseñor, son las ranas del estanque —dijo la cocinerita.

Pero no lejos de allí, oyeron de pronto el canto del ruiseñor.

—¡Ahí está! ¡Ese si que es él! —dijo alborozada.

Y señaló a los cortesanos a un pajarillo de color pardo que estaba posado en una rama.

—¿Es posible que ése sea el ruiseñor? ¡Jamás hubiera imaginado que tuviera un aspecto tan vulgar!—dijo el mayordomo.

—¡Ruiseñorcito querido! —gritó la muchacha—. Nuestro emperador desea oírte cantar.

Con mucho gusto —respondió el ruiseñor.

Y su canción, se elevó maravillosa hasta las nubes.

—¡Es como campanas de cristal echadas al vuelo! ¡Jamás habia oído nada tan hermoso! —dijo entusiasmado el mayordomo haciendo una reverencia—;es para mi un gran honor, invitar a usted a la fiesta que esta noche se da en el palacio, y durante la cual, usted tendrá ocasión de lucir su maravillosa voz en presencia del emperador.

El ruiseñor quedó un tanto sorprendido, pues imaginaba que el emperador se hallaba allí, pero no se hizo repetir la invitación.

Iré gustoso, aunque mi canto suena mucho mejor aquí.

Entretanto, en el palacio se habia hecho una limpieza a fondo, como si fuera sábado, y se estaban haciendo los preparativos para la gran fiesta. Suelos, techos y paredes, brillaban a la luz de mil lámparas de oro y por todas partes, se hallaban magníficamente dispuestas las flores de las campanillas de plata. Se habían dejado abiertas las ventanas con el fin de establecer una fuerte corriente de aire y las campanillas, echadas al vuelo, llenaban los oídos de todos con su armonioso tañido. En el centro del salón de palacio, se hallaba el trono de oro del emperador y a su lado había una gran percha, de oro también, destinada al ruiseñor. La corte en pleno se habia reunido en torno a su señor y, cuando llegó el pájaro y se puso a cantar, todos quedaron maravillados. Era incomprensible que un pajarillo tan insignificante produjera, con su garganta, tal riqueza de sonidos formando el canto más armonioso y bello que nadie habia escuchado jamás.

A los ojos del emperador acudieron las lágrimas y cuando el pajarillo concluyó su canción, le dijo emocionado:

En premio a tus méritos, vas a recibir el Gran Collar de la Zapatilla de Oro, para que siempre lo lleves en torno al cuello.

El ruiseñor, muy gentilmente, dio las gracias y declinó la distinción de que le hacia objeto el emperador, diciendo:

Mi mejor recompensa, son las lágrimas que he visto en sus ojos.

Y nuevamente se puso a cantar.

—¡Nunca en mi vida he oído nada semejante! —decían los cortesanos y las damas.

Muchas de ellas, se llenaban la boca con grandes buches de agua, pues les parecía que así les seria fácil imitar al ruiseñor, emitiendo gorjeos cuando tuvieran que hablar.

Incluso los lacayos, los caballeros y chambelanes al servicio del emperador, mostraron su conformidad discretamente. Y esto por si solo, ya decía mucho en favor del ruiseñor, pues ya es sabido que esta clase de gente no resulta fácil de contentar.

El éxito del ruiseñor llegó a tanto que se hizo necesario que viviese en la corte. Se puso a su disposición una preciosa jaula y doce lacayos a su servicio. La misión de éstos consistía en sostener cada una de las doce cintas que llevaba atadas a sus patitas y escoltarle en sus paseos, pues el ruiseñor obtuvo permiso para dar dos paseos diarios y uno al anochecer. Sin embargo, no es difícil comprender hasta qué punto la vida no resultaba ya agradable para él.

Los habitantes de la capital, hablaban todos del pájaro maravilloso que vivía en el palacio de su emperador y que constituía el tema obligado de todas las conversaciones. Cuando se encontraban dos personas en plena calle, era de ritual que una de ellas dijese, a guisa de saludo:

Rui...

Y la otra respondiese:

...señor.

Y suspirando profundamente, ambas personas se despedían, con la seguridad de haberse comprendido.

Un buen dia, llegó a manos del emperador, un paquete que llevaba una etiqueta en la cual decía: "Ruiseñor".

—¡Vaya! —dijo sonriente el emperador—. Ya tenemos aquí otro libro que habla de nuestro pájaro.

Pero no era así, puesto que al abrir la caja, se encontró dentro un ruiseñor artificial, tan exacto al verdadero, que ambos hubieran podido confundirse a no ser porque el artificial estaba completamente tachonado de piedras preciosas que lanzaban fulgurantes destellos.

Cuando se dio cuerda al pájaro mecánico, todos pudieron comprender que cantaba dos canciones, tan exactas a las del pájaro verdadero que no era posible escucharlas sin quedar embelesado. Al mismo tiempo que cantaba, el pájaro mecánico movía la cola y ésta brillaba cegadoramente por efecto de los muchos brillantes, esmeraldas y rubies que llevaba engarzados en ella. En torno al cuello, el pájaro artificial, llevaba una cinta con esta inscripción: "El ruiseñor del emperador del Japón, es un pobre pájaro comparado con el ruiseñor del emperador de la China."

Pero todos exclamaban:

—¡Qué pájaro tan hermoso!

Y la persona que lo llevó a la corte, recibió el preciado titulo de: "Primer Introductor de Ruiseñores Imperiales".

Ahora tendrán que cantar juntos y será un dúo celestial —dijo el emperador.

Y así lo hicieron, pero no fue un dúo celestial, ni nada parecido. El experimento fue desastroso, pues cada uno de los pájaros cantaba por su cuenta, y mientras el artificial se ajustaba a lo único que podía cantar, el pájaro verdadero hacía maravillas con su garganta, creando notas y armonías nuevas a medida que cantaba.

El ruiseñor artificial no tiene ninguna culpa de que el concierto haya salido muy mal—declaró con suficiencia el maestro de música de la corte—. Canta con un profundo respeto hacia las regla musicales y no pierde en absoluto el compás.

Entonces, hicieron cantar solo al pájaro artificial. Alcanzó tanto éxito como en su dia habia alcanzado el verdadero, con la ventaja sobre éste de que era más decorativo.

Hasta treinta y tres veces, le hicieron repetir la misma canción y a pesar de ello, no daba muestras de cansancio. La concurrencia, hubiera deseado oírle de nuevo. Pero el emperador, dijo que le tocaba el turno al ruiseñor de verdad y que debían escucharle a él.

Entonces, se dieron cuenta de que éste habia huido. Aprovechando la admiración que los demás tributaban a su rival mecánico, el ruiseñor verdadero recuperó gozoso su libertad.

—¿Qué significa esto? ¿Se ha burlado de mi?—dijo colérico el emperador.

Y todos los cortesanos, se mostraron sumamente escandalizados de la ingratitud que suponía, por parte del ruiseñor, aquella huida.

No os dejéis llevar del pesar, Majestad, pues con nosotros queda el mejor —dijeron al emperador.

Este se conformó, pues no le quedaba otro remedio, y nuevamente se dio cuerda al ruiseñor mecánico. Y aunque cantaba la misma canción, por trigésima cuarta vez, nadie la pudo aprender todavía, pues era sumamente difícil.

El maestro de música se deshizo en alabanzas para el ruiseñor artificial, sosteniendo que era mucho mejor que el verdadero, y esto no sólo por su aspecto exterior, digno de un verdadero ruiseñor imperial, sino también porque, según él, con el de carne y hueso nunca se sabia lo que iba a cantar, mientras que con el mecánico, este problema estaba resuelto.

Además —añadió— con éste sabe uno por qué y cómo canta, pues bastaría con abrirle para observar su mecanismo, y en cambio, con el otro uno se estaba preguntando siempre cómo era posible tanta perfección.

Y todos aseguraron estar de acuerdo con el maestro de música. El emperador, en premio a su magnifica oratoria, le concedió permiso para enseñar el pájaro al pueblo el siguiente domingo, y mostrar sus maravillas.

Y, en efecto, el domingo siguiente, todo el pueblo pudo ver y oír al pájaro maravilloso, y todos se mostraban tan entusiasmados como si se hubiesen emborrachado con té, según la costumbre china.

Pero los viejos pescadores de la playa que lindaba con el bosque imperial, movían la cabeza murmurando:

Si, es cierto que suena muy bien y que se parece al verdadero, pero... le falta algo.

A pesar de esta humilde opinión, el pájaro verdadero, el ruiseñor de la voz de oro, fue desterrado del reino.

El pájaro artificial, entretanto, gozaba de gran prestigio en la corte. Tenia un almohadón de seda inmediato a la cama del emperador y a su alrededor se hallaban diseminados todos los regalos en oro y piedras preciosas que habia recibido. Se le habia concedido el titulo de "Primer Cantor del Dormitorio Imperial", con rango de primera clase a la izquierda, pues el emperador sostenía que el lado preferente no era la derecha, sino la izquierda, por ser éste el lado del corazón. Y hasta los emperadores de la China, tienen el corazón en este lado.

El maestro de música, que durante muchos años habia sido un hombrecillo gris y sin iniciativas, se dedicó a escribir un tratado en veinticinco volúmenes sobre el ruiseñor artificial y se hizo famoso de la noche a la mañana. Para dar mayor realce a su obra, la compuso en el chino más puro y antiguo, de manera que nadie la entendía, pero todos aseguraron haberla leído, pues de lo contrario habrían pasado por estúpidos y habrían recibido una respetable cantidad de azotes en la barriga.

Y así pasó un año. Todos los cortesanos y el mismo emperador, conocían ya todos los trinos y gorjeos del pájaro e incluso los chiquillos de la calle entonaban "ziiiiusss, cluissss, clui, clui, risss..." Y esto lo hacia hasta el mismo emperador, cuando nadie le podía oír.

Pero una noche, cuando más entusiasmados estaban escuchando al ruiseñor, se produjo en el cuerpecillo metálico de éste un leve chirrido y, seguidamente, saltó un resorte, parándose al instante todas las ruedecillas. Naturalmente, el ruiseñor cesó de cantar.

El emperador, levantándose de un salto, hizo venir a sus médicos particulares, prometiéndoles una gran recompensa si curaban a su pajarillo. Estos, como fácilmente se comprenderá, nada pudieron hacer. Se llamó entonces a un relojero y, después de darle muchas vueltas consiguió, por fin, reparar la avería, no sin advertir al emperador que, en adelante, se abstuvieran de hacerlo funcionar demasiado, pues tenia el mecanismo muy deteriorado y, en caso de nueva avería, él no podría hacer nada.

¡Qué golpe tremendo fue aquel para el emperador y todo su imperio! Apenas se atrevían a hacerle cantar una vez al año, y aún, si podían, lo evitaban. Pero el maestro de música, deseoso de lucirse de nuevo, pues le parecía que habían olvidado ya sus veinticinco volúmenes, hizo un largo discurso, eligiendo las palabras más difíciles y complicadas y afirmó que el ruiseñor estaba tan bien como antes. Y todos quedaron muy contentos.

Transcurrieron cinco anos más y un dia, inopinadamente, un tremendo pesar asomó el imperio. El emperador estaba gravemente enfermo y, según los médicos, moriría en breve.

Se reunieron entonces los grandes del imperio y eligieron otro emperador, para tenerlo ya preparado a la muerte del primero. El pueblo también se congregó a la entrada del palacio y, cuando vieron salir al mayordomo, le preguntaron por el estado de su señor.

—¡Piuf...!—dijo tan sólo éste, según su costumbre.

Y mientras, el pobre emperador, pálido y frío, yacía solo en su regia cámara, con el ruiseñor junto a él sobre su almohadón de seda. Todos los cortesanos se hallaban ofreciendo sus respetos al nuevo emperador, pues se figuraban que el antiguo si no estaba ya muerto, le faltaba muy poco. Los lacayos chismorreaban a placer y las camareras tomaban té en la cocina. A lo largo de todos los pasillos y corredores del palacio, se habían tendido anchas tiras de gruesa tela, a fin de que amortiguara el ruido de las pisadas y a causa de ello reinaba un silencio sepulcral en todo el palacio.

Pero el emperador no había muerto todavía. Tendido en su soberbia cama, adornada de gruesos terciopelos y sedas, recibía la fría caricia de los rayos de luna, que entraban por el ancho ventanal abierto sobre su lecho. Apenas podía respirar y le parecía sentir sobre su pecho un enorme peso.

Abrió los ojos y vio que sobre él se hallaba sentada la Muerte, llevando sobre la cabeza su propia corona de oro, en una mano la espada y en la otra el cetro imperial. A lo largo del lecho, asomando por entre las cortinas del dosel, muchos rostros, bellos unos y otros repulsivos, acechaban. Eran las buenas y las malas acciones que el emperador habia hecho a lo largo de su vida.

—¿Te acuerdas de mi? ¿Y de mí? ¿Y de lo que hiciste aquella vez? ¿Y aquella otra?—preguntaban unas detrás de otras.

Y tanto hablaban y tantas cosas decían y recordaban, que el pobre emperador sudaba de angustia.

—¡No recuerdo! ¡No recuerdo nada! ¡No sabia nada! ¡Dejadme! —gritaba—. ¡Que suene la música! ¿Dónde están mis grandes tambores chinos? ¡Que suene la música, pues no quiero oír a estos seres!

Pero la música no sonaba, y el emperador oía cada vez más claramente las voces de sus malas y buenas acciones. La Muerasentia a cada palabra, aumentando su desesperación.

—¡Música! ¡Música! —seguía gritando el emperador—. ¡Tú, mi querido ruiseñor, a quien he colmado de obsequios y honores, canta para mí!

Pero el ruiseñor, puesto que nadie le daba cuerda, permanecía callado. La Muerte se inclinaba más hacia el enfermo, mirándole con sus vacías cuencas, y todo en palacio estaba terriblemente silencioso.

De pronto, junto a la ventana, se oyó un dulcísimo canto. Era el ruiseñor vivo que, enterado del estado del emperador, acudía a prestarle consuelo y esperanza.

Mientras cantaba, los rostros que circundaban la cama del emperador, palidecían y se borraban lentamente, hasta desaparecer y la misma Muerte, seducida por su canto, habia apartado su atención del enfermo. Y cuando el ruiseñor cesó, pidióle embelesado:

Continúa, ruiseñor, continúa...

Si quieres que continúe, dame tu corona de oro, dame tu espada y el cetro precioso y cantaré para ti mis más bellas melodías.

La Muerte le entregó, por cada uno de sus trinos, la corona, la espada y el cetro. El ruiseñor, con sus gorjeos más dulces, cantó la quietud solitaria del lejano cementerio, cantó la nostalgia y el perfume de sus rosas blancas, el de los verdes sauces, la tierna hierba que crece con las lágrimas de los vivos, la luna, acariciando las frías tumbas... Y a la Muerte le entró la nostalgia de su jardín y olvidándose del emperador, salió por la ventana como una estela de fría y blanca niebla.

—¡Gracias, mi ruiseñor querido! ¡Oh, muchas gracias! —exclamó el emperador, que sentía de nuevo correr en sus venas la sangre vivificadora—. ¡Yo te desterré de mi imperio y tú, sin embargo, me pagas alejando de mí el espectro de la Muerte y su secuela de horrores! ¿Cómo podré pagarte, pajarillo querido?

Ya he recibido mi recompensa, emperador —respondió el ruiseñor—; la primera vez que canté para ti, vi lágrimas en tus ojos y ésa es la mejor recompensa para un artista verdadero. Guardo en mi corazón su recuerdo como si se tratase de las más bellas piedras preciosas. Ahora, emperador, duerme y descansa. Yo cantaré para ti.

Así lo hizo y al arrullo de su cantar el emperador se durmió dulcemente. Cuando despertó, el sol brillaba en el cielo y a su cuerpo había vuelto la fuerza y la salud. Nadie habia acudido a su lado, pues le creían ya muerto, pero el ruiseñor seguía allí,

cantando todavía.

Desde hoy, querido ruiseñor, estarás siempre a mi lado v romperé con mis propias manos al pájaro artificial que me hizo olvidarte —dijo conmovido el emperador.

No debes hacerlo, señor —le respondió el ruiseñor verdadero—,pues él hizo cuanto sabia. Guárdalo como hasta ahora, pues a mi no puedes tenerme contigo. Yo no puedo hacer mi nido entre tus porcelanas y terciopelos. Necesito la frondosidad de los bosques, la brisa y el sol. Sin embargo, no quiero abandonarte; vendré todas las noches a cantar sólo para ti, junto a tu ventana. Cantaré para alegrarte el corazón y para hacerte pensar; cantaré las alegrías y las tristezas de tus vasallos, y cantaré el bien y el mal que tú desconoces. Los pájaros, que volamos por el aire y sobre las casas de los humildes y los poderosos, sobre la choza del pescador y la del campesino, conocemos sus pequeñas dichas y sus muchas miserias. Yo las traeré a ti. Cantaré para tu corazón de hombre, pues no quiero tu corona de emperador, y mi canción hará tu corazón más grande, pero antes debes prometerme una cosa.

—¡Todo cuanto quieras! —contestó el emperador.

Sólo quiero esto; que a nadie digas que un pajarito te lo cuenta todo, pues así será mucho mejor.

El emperador lo prometió y el ruiseñor salió volando.

Después, el moribundo vuelto a la vida, se levantó y vistió sus galas imperiales y así, cuando entraron en la regia cámara sus ministros y sus cortesanos, dispuestos a encontrar un cadáver, vieron con gran sorpresa, a su emperador dándoles los buenos días

La Princesa y el Guisante

Había una vez un príncipe que quería casarse, y quería hacerlo, naturalmente, con una princesa verdadera, de sangre real, lo cual, aunque parezca extraño, era muy difícil de encontrar en aquellos tiempos.

El príncipe había viajado por todo el mundo, pero a todas las princesas que había conocido les faltaba algo, de lo cual podía deducirse que no eran verdaderas princesas reales.

Y el príncipe, muy abatido y decepcionado, había regresado a su país desesperando de encontrar la compañera deseada.

Y llevaba ya algún tiempo en el palacio de su padre, cuando una noche se desencadenó una gran tormenta. Llovía torrencialmente y rasgaba el cielo el resplandor de los relámpagos y su rugido atronaba el espacio.

Inesperadamente llamó alguien a la puerta, y fue el mismo rey a abrirla, encontrándose con una princesa en el umbral. ¡Qué lamentable era su aspecto! Llegaba empapada en lluvia y sus vestidos y cabellos chorreaban agua, y lo mismo sus zapatos, de los cuales desbordaba. Tanto es así, que más que una princesa parecía una fuente, aunque ella afirmaba que era lo primero.

"Yo sabré si es cierto", se dijo la reina.

Esta, que era muy astuta, no le dijo nada a nadie, pero se dirigió al dormitorio que pensaba destinar a la princesa y, quitando las ropas de la cama, colocó en ésta un guisante, y sobre él veinte colchones y otros tantos edredones.

La princesa durmió en la monumental cama toda la noche, y al día siguiente apareció a la hora del desayuno con unas tremendas ojeras, pese a lo cual estaba bonita, pues realmente lo era.

Los reyes le preguntaron amablemente cómo había pasado la noche, y la princesita, haciendo gala de su gran sinceridad, respondió:

—¡Nunca en mi vida he pasado peor noche! Había una cosa durísima en la cama que me ha llenado de cardenales. ¡Dios sabe lo que sería!

La reina les había contado a los demás lo del guisante, y entonces ya no les cupo duda alguna de que era una princesa verdadera, pues a través de veinte colchones y veinte edredones, había sentido la dureza de un guisante seco. Y sólo una princesa verdadera puede ser tan delicada.

El príncipe se casó con ella, sabiendo a ciencia cierta que lo hacía tal como él lo había deseado, y el guisante fue llevado al Museo de Arte de la capital, donde todavía debe estar si nadie ha sentido la tentación de quitarlo de allí.

¡Y esto sí que es un cuento de verdad!

EL ÁNGEL

Cada vez que acá en la tierra muere un niño, baja del cielo un ángel del Señor, toma al niñito muerto en sus brazos, entre los dulces repliegues de sus alas azules, y vuela con él hacia todos los lugares que el niño amó durante su existencia terrenal... Entonces el ángel va recogiendo un puñado de flores, las cuales cuida de llevar a presencia de Dios, a fin de que allí vivan y crezcan más lozanas y más bellas que acá en la tierra. Nuestro Señor oprime todas las flores sobre su pecho, pero besa amorosamente a la que prefiere entre todas ellas: aquel beso confiere a la flor el don valiosisimo de la palabra, y de esta forma toma parte en el eterno coro de alabanzas al Creador.

Eso fue lo que contó un ángel cuando llevóse al cielo a un niño muerto, y éste le oía embelesado como si fuese un sueño; luego volaron por encima de todos aquellos lugares en que el pequeño acostumbraba a jugar, y así visitaron varios hermosos jardines llenos de flores. Y el ángel preguntó entonces:

—¿Qué flor nos llevaremos para cultivarla en el cielo?

Ocurrió que vieron un gran rosal a corta distancia, pero alguien habia tenido la mala idea de romper el tallo: las ramas pendían melancólicamente, marchitos del todo sus capullos...

—¡Pobrecito rosal! —exclamó el niño—. ¿Por qué no te lo llevas para que así pueda florecer en el jardín de Nuestro Señor?

El ángel sonrió, ante el bello pensamiento del niño. Y quiso complacerle.

Cuando hubieron hecho buen acopio de flores era ya de noche. Permanecieron en la ciudad volando por encima de una de las calles más angostas y sórdidas. Era entonces un fin de trimestre, y en la calle se veían varias mudanzas, de modo que estaba casi completamente llena de cosas viejas, inservibles y bastante sucias.

Pero entre aquel montón de trastos, el ángel advirtió un tiesto roto, abandonado por la gente. Del tiesto salía una florecilla silvestre de múltiples colores, débilmente sostenida por algunos terrones de tierra reseca.

Podemos llevarnos también esa pobre flor—sugirió el ángel.

—¿Y por qué?—preguntó el niño, lleno de curiosidad.

Ya te lo contaré luego.

Cuando el ángel tomó la flor y remontó el vuelo con el niño, explicó a éste:

Mira: en esa calle tan estrecha y triste que hemos visto vivía una pobre niña, la cual estaba enferma. ¿Sabes? Desde que era muy chiquitina no habia podido levantarse de su cama. Todo lo más, cuando se sentía mejor, paseaba por la habitación de su casucha, apoyada en sus muletas. En los días de verano, el sol iluminaba la habitación delantera de la casa donde la niña enferma vivía, pero, así y todo, los rayos solares duraban muy poco rato. En tales casos la niña se calentaba a la luz del sol, contemplando con ojos tristes sus dedos delgados y transparentes, los cuales sostenía delante de los ojos. Y en estas ocasiones se decía: "Hoy he salido". Todo cuanto sabia de los bosques en el frescor de la bella primavera lo debía a las ramas de abeto que le llevaba un muchachito vecino. ¡Cómo soñaba en tales casos la pobre niña enferma! Suspendía las ramas sobre su cabeza y soñaba que estaba sentada al pie de un abeto, en medio de un bosque grande y bello, bañado por el sol y arrullado por el canto de mil pájaros.

Un dia su amiguito vecino le llevó también varias flores silvestres, y entre ellas, por pura casualidad, habia una con raíces y todo. La plantó en un tiesto y quiso que fuera colocada en el alféizar de la ventana, de modo que pudiera verla desde su cama. Una mano cariñosa cuidó aquella flor, que fue creciendo poquito a poco. Para la pobre niña enferma la flor era como un jardín, como el mayor tesoro de la tierra... A veces, cuando se levantaba penosamente con ayuda de sus muletas, la regaba con amor y la cuidaba con esmero, procurando que recibiese la grata tibieza de los rayos del sol. La flor puede decirse que creció sólo para ella; para ella también eran sus aromas. Y un atardecer, con el rostro pálido vuelto hacia ella, la pobre niña murió... Ahora, hace ya un año que está en el cielo, y durante todo este tiempo la flor silvestre ha sido completamente olvidada en el alféizar de la ventana. Y al hacerse la mudanza en la casa, alguien ha debido arrojarla a la calle, como un trasto inútil. Mira, niño—continuó el ángel—,esa es la flor que nosotros hemos añadido a nuestro ramo. ¿Y sabes tú por qué? Porque siendo tan humilde como es, ha proporcionado placeres mayores que la más preciosa flor del jardín de los reyes.

El niño quedó mirando al ángel. Al fin preguntó:

—¿Y cómo sabes tú todo eso?

Entonces el ángel sonrió.

Porque yo mismo era aquella muchachita enferma —contestó—, la misma niña que un día andaba penosamente con ayuda de unas muletas: Y conozco muy bien la flor que con tanto esmero y cariño cuidé...

El niño quedó boquiabierto contemplando al ángel, y minutos después llegaron a las puertas del Paraíso, lugar donde todo es alegría y dicha. Nuestro Señor estrechó al niño contra su pecho amoroso y le regaló las alas de ángel, igualitas a las de su amiguito. Así, juntos, podían emprender el vuelo cada vez que quisiesen. Y Nuestro Señor estrechó también las flores contra su corazón, pero besó de un modo especial la florecilla silvestre, medio marchita, la cual recibió el maravilloso don del habla, uniéndose al coro de ángeles que volaban en torno al Eterno.

Y los ángeles y las flores entonaron un himno dulcisimo, todos, incluso el niño bueno recién llegado y la florecilla silvestre, que había sido arrojada contra el suelo de una callejuela sórdida de la gran ciudad, rechazada como un trasto inútil.

Los Chanclos de la Felicidad

I. Un comienzo

En Copenhague, en una casa de Ostergade, no lejos de Kongens Nytorv, se celebraba una gran velada, de esas que se dan de vez en cuando, con lo que se cumple con todos y así puede uno ser invitado de nuevo. La mitad de los invitados estaba ya sentada a las mesas de juego, y la otra mitad esperaba el resultado de la observación de la dueña de la casa:

—¡Bueno, a ver qué se nos ocurre!

En esas estaban y la conversación iba como podía. Entre otros temas se trató de la Edad Media, alguien la consideró mucho mejor que nuestra época, sí, el Consejero Knap mantuvo con tanto ardor esta opinión, que al punto la señora de la casa se mostró de acuerdo, y ambos se declararon en contra del artículo de 0rsted en El Almanaque sobre el pasado y el presente, según el cual se consideraba, en términos generales, preferible nuestra época. El Consejero consideraba la época del rey Hanst como la mejor y la más dichosa.

Mientras sigue la discusión en pro y en contra, sólo interrumpida un momento por la llegada del periódico, que por otra parte no traía nada digno de ser leído, vayamos al vestíbulo, donde se encontraban los abrigos, bastones, paraguas y chanclos. Había allí sentadas dos criadas, una joven y otra vieja, se hubiera dicho que habían venido a acompañar a sus señoras, alguna de las viejas solteronas o viudas, pero si se las observaba con mayor atención, se veía al momento que no eran sirvientas corrientes, porque sus manos eran demasiado delicadas, su porte y todos sus movimientos en exceso distinguidos para ello y sus trajes tenían un corte nada común. Eran dos hadas, la más joven no era la Felicidad ni mucho menos, sino una de las doncellas de sus camareras, que reparten los dones menos importantes de la felicidad, la más vieja tenía una expresión de gran seriedad, era la Desgracia, que atiende siempre personalmente a sus asuntos, para comprobar que se hacen como es debido.

Hablaron entre ellas de cómo les había ido aquel día; la que era doncella de la camarera de la Felicidad, había cumplido sólo unos encargos sin importancia, había, dijo, salvado un sombrero nuevo de un chaparrón, hecho llegar a un hombre honrado el saludo de una aristocrática nulidad y otras insignificancias por el estilo, pero lo que le quedaba por hacer era algo de veras extraordinario.

He de decirte—dijo—que hoy es mi cumpleaños y como obsequio he recibido un par de chanclos para que se los regale a los hombres. Estos chanclos tienen la propiedad de que aquel que se los ponga, al instante se encuentra en el lugar o en el tiempo que desee, cualquier deseo que se refiera al tiempo y al lugar se cumple al instante, y de esta forma el hombre por fin será feliz en este mundo.

—¡Sí, eso es lo que tú te crees! —dijo la Desgracia—. ¡Será desgraciadísimo y bendecirá el momento en que de nuevo se vea libre de los chanclos!

—¿Qué dices? dijo la otra—. Los voy a poner aquí junto a la puerta, a ver quién se equivoca y se convierte en un hombre feliz.

Esa fue la conversación.

II. Lo que le ocurrió al Consejero

Era tarde; el Consejero Knap, enfrascado en la época del rey Hans, se marchó a casa y estaba tan abstraído, que en vez de ponerse sus chanclos se puso los de la Felicidad y salió a Ostergade; pero debido a la virtud de los chanclos se encontró transportado a la época del rey Hans y por lo tanto plantó el pie en el fango y el barro de la calle, ya que en aquella época todavía no había pavimento.

—¡Es increíble la de barro que hay aquí! —dijo el Consejero—. ¡No hay aceras y todos los faroles están apagados!

La luna no estaba todavía alta, la noche era más bien brumosa, así es que todo se encontraba en sombras. En la esquina más próxima colgaba no obstante un farol ante una imagen de la Virgen, pero apenas si lucía, no la vio hasta encontrarse debajo y su mirada alcanzó el cuadro con la Virgen y el Niño.

—Sin duda —pensó—, una galería de arte de la que se han olvidado retirar la muestra.

Dos hombres vestidos a la antigua usanza pasaron junto a él.

—¡Qué pinta tan extraña! Seguro que vienen de un baile de máscaras.

De pronto sonaron tambores y pífanos, lucieron vivas antorchas; el Consejero se detuvo y vio venir una extraña procesión. La abría un pelotón de tambores, tocando el instrumento con todo entusiasmo, seguidos por alabarderos con arcos y ballestas. El más distinguido de la procesión era un clérigo. El Consejero preguntó asombrado qué significaba todo aquello y quién era aquel personaje.

—¡Es el obispo de Selandia! —le contestaron.

Santo Dios, ¿qué le pasará al obispo? —suspiró el Consejero, meneando la cabeza, ya que era imposible que fuese el obispo. Reflexionando sobre ello y sin mirar a derecha ni a izquierda, siguió el Consejero por Ostergade y atravesó Hojbroplads. No había forma de encontrar el puente de Slotspladsen, vislumbró como un amplio río y se encontró al fin con dos mozos que estaban en una barca.

—¿Quiere el caballero que le pasemos a la isla? —preguntaron.

—¿Pasar a la isla? —dijo el Consejero, que claro está no tenía idea de a qué época había ido a parar—. ¡Iré a Christianshavn por la pequeña Torvegade!

Los mozos se le quedaron mirando.

—¡Díganme sólo dónde está el puente! —dijo—. ¡Es una vergüenza que no haya ningún farol encendido, y encima hay tanto barro como si fuese un pantano!

Bueno, pues cuanto más hablaba con los barqueros, menos le entendían estos.

—¡No entiendo nada de vuestro dialecto de Bornholm! —dijo al final enojado y les dio la espalda. No podía encontrar el puente; no había pretil.

—¡Es un escándalo cómo está esto! —dijo.

Nunca había encontrado su época más lamentable que aquella noche.

—¡Voy a tomar un coche de punto! —se dijo, pero ¿dónde estaban los coches de alquiler? No se veía ninguno.

—¡Tendré que volver a Kongens Nytorv, siempre hay allí coches, o nunca voy a llegar a Christianshavn!

Se dirigió a Ostergade y estaba casi a media calle cuando salió la luna.

—¡Dios mío, qué andamio han levantado aquí! —dijo al ver Osterport, que en aquella época se encontraba al final de Ostergade.

Al fin encontró un postigo y por él salió a nuestro Nytorv, pero era una extensa pradera; arbustos aparecían aquí y allá y a través del prado corría un ancho canal o río. Algunas míseras casetas de madera para uso de los patrones de barco holandeses, por lo que aquel lugar se conocían con el nombre de Pradera de los holandeses se alzaban en la margen.

—¡O sufro un espejismo, como dicen, o estoy borracho! —gimió el Consejero—. ¡Qué es esto, qué es esto!

Retrocedió con el convencimiento de que estaba enfermo; cuando volvió a la calle, observó las casas más detenidamente, la mayor parte tenían paredes entramadas y muchas sólo techo de paja.

—¡No, no estoy nada bien —suspiró—, y sin embargo sólo he bebido un vaso de ponche, pero me sienta fatal, aparte de que ha sido un disparate darnos ponche y salmón caliente! Se lo diré a la señora del Agente. ¿Y si volviera para hacerles saber lo que me pasa? Pero es tan ridículo y me pregunto si estarán todavía levantados.

Buscó la casa, pero no pudo encontrarla.

—¡Pero esto es horroroso! ¡No reconozco Ostergade! ¡No hay ni una sola tienda, sólo casuchas pobres y viejas, como si estuviese en Roskilde o Ringsted! ¡Ah, estoy enfermo, de nada sirve atormentarse! ¿Pero dónde demonios está la casa del Agente? ¡No es la misma! Pero hay alguien levantado; ay, sin duda estoy enfermo!

Encontró una puerta entornada la luz salía por la rendija. Era una hostería de aquellos tiempos, una especie de cervecería. El local parecía una taberna de Holstein; un grupo de buenas gentes, compuesto de patrones de barco, burgueses de Copenhague y un par de letrados, se sentaban allí sobre sus jarros de cerveza enzarzados en hondas disquisiciones y no prestaron gran atención al visitante.

—Perdón —dijo el Consejero a la posadera que se le acercó—. ¡Me siento muy mal! ¿Puede encargarme un coche de punto que me lleve a Cristianshavn?

La posadera le miró y meneó la cabeza, después se dirigió a él en alemán. El Consejero creyó que no sabía danés y expresó su deseo en alemán; esto, junto con el traje que vestía, confirmó a la posadera en su creencia de que se trataba de un extranjero; comprendió en seguida que se encontraba enfermo, por lo que le dio un jarro de agua del pozo, que era más bien salobre.

El Consejero hundió la cabeza en sus manos, respiró hondo y reflexionó sobre lo extraño de cuanto le rodeaba.

—¿Es el periódico de la tarde?—preguntó por decir algo, porque vio a la posadera con un papel grande.

Ella no entendió lo que decía, pero le tendió una gaceta; tenía un grabado en madera que mostraba un fenómeno celeste observado en la ciudad de Colonia.

—¡Es antiquísimo! dijo el Consejero, asombrado de encontrar un ejemplar tan antiguo—. ¿De dónde ha sacado una gaceta tan rara? ¡Tiene mucho interés, aunque todo sea una patraña! Se ha descubierto que tal fenómeno celeste no es otra cosa que una aurora boreal; probablemente algo relacionado con la electricidad.

Los que estaban sentados más cerca y oyeron sus palabras, le miraron con asombro, y uno de ellos se levantó, se descubrió cortesmente y dijo que tono serio:

—¿Sin duda sois un sabio, monsieur?

—Oh, no —contestó el Consejero—. Sé un poco de todo, como suele ocurrir.

La modestia es una rara virtud —dijo el hombre—. Por lo demás, puedo decir de su discurso, mihi secus videlur, pero gustosamente suspendo aquí mi judicium.

—¿Puedo atreverme a preguntarle con quién tengo el gusto de hablar? —preguntó el Consejero.

—¡Soy baccalaureus en Sagradas Escrituras! —contestó el hombre.

Esta respuesta le bastó al Consejero, el título respondía al traje; de seguro, se dijo, algún viejo maestro de aldea, un tipo chiflado, de los que todavía se encuentra uno allá por Jutlandia.

Este no es propiamente un locus docendi —continuó el hombre—, mas os ruego que sigáis hablando. Sin duda estáis muy versado en la antigüedad.

Ah, pues sí —contestó el Consejero—, me justa leer viejos libros interesantes, y también me gustan los modernos, pero no las historias cotidianas, nos bastan las que nos ofrece la realidad.

—¿Historias cotidianas?—preguntó nuestro bachiller.

Sí, quiero decir esas novelas de hoy.

Oh—sonrió el hombre—,hay sin embargo mucho talento en ellas y son leídas en la corte; su majestad tiene especial predilección por la novela del caballero Ivent y del caballero Gaudian, que trata del rey Arturo y los caballeros de la Tabla Redonda, ha gastado bromas sobre ello con los caballeros de la corte.

Sí, todavía no la he leído —dijo el Consejero—. La habrá publicado hace poco Heiberg.

—No —contestó el hombre—, no la ha publicado Heiberg, sino Gottfred von Ghemen.

—¡Ese es el autor! —dijo el Consejero—. ¡Es un hombre viejísimo! ¿No fue el primer impresor de Dinamarca?

Sí, es nuestro primer impresor —dijo el hombre.

De esta forma la conversación fue deslizándose plácidamente; después uno de los buenos burgueses se refirió a la terrible peste que había hecho estragos algunos años antes, refiriéndose a 1484; el Consejero creyó que hablaba del cólera, con lo que la conversación siguió perfectamente. La Guerra de los Piratas de 1490 estaba tan próxima que no escapó de ser mencionada, los piratas ingleses habían capturado barcos en Rheden, dijeron; y el Consejero, que había vivido los acontecimientos de 1801 se mostró enérgicamente de acuerdo en condenar a los ingleses. El resto de la conversación, sin embargo, no fue tan bien, cada vez el tono se hacía más sepulcral el buen bachiller era demasiado ignorante y las afirmaciones más simples del Consejero le sonaban a demasiado atrevidas o a demasiado fantásticas. Se miraron, y la cosa llegó a tal extremo que el bachiller se puso a hablar en latín, porque creía que así sería mejor comprendido, pero no sirvió para nada.

—¿Cómo se encuentra? —preguntó la posadera al Consejero, tirándole de la manga, entonces recuperó la conciencia, porque con la conversación había olvidado cuanto había pasado.

Santo Dios, ¿dónde estoy? —dijo, y la cabeza se le fue al pensarlo.

—¡Bebamos clarete! ¡Hidromiel y cerveza de Bremen! —gritó uno de los parroquianos—. ¡Y beberéis con nosotros!

Entraron dos mozas, una con una cofia de dos colores. Les escanciaron, haciendo una reverencia; el Consejero sintió en la espalda un frío de hielo.

—¡Pero qué es esto! ¡Pero qué pasa! —dijo, pero tuvo que beber con ellos; el buen hombre estaba por completo a merced suya, estaba desesperado, y cuando uno de ellos dijo que estaba borracho, no dudó de lo que decía el hombre, sólo le rogó que le buscase un coche, un droschke, con lo que los otros creyeron que hablaba en moscovita.

Nunca se había encontrado en una sociedad tan grosera y vulgar; se hubiera dicho que el país había vuelto al paganismo, pensó.

—¡Es el peor momento de mi vida!—pero entonces se le ocurrió la idea de escurrirse por debajo de la mesa, gatear hasta la puerta e intentar escapar, pero cuando se encontraba en la salida, descubrieron los otros lo que estaba haciendo, le agarraron de las piernas, y entonces, para su fortuna, perdió los chanclos y, con ello, se deshizo el encanto.

El Consejero vio clarísimamente ante él un farol encendido y detrás de éste un gran edificio le resultaba familiar, así como las fincas vecinas, estaban en Ostergade, que aparecía tal como todos la conocemos, yacía tendido con las piernas contra una puerta cochera, y más allá estaba el vigilante, durmiendo.

—¡Dios mío, me he tendido a dormir en la calle! —dijo—. ¡Sí, es Ostergade! ¡Benditos sean el farol y el puente! ¡Pero resulta increíble lo que ha podido hacerme un vaso de ponche!

Dos minutos después se encontraba sentado en un coche de alquiler, que le llevó a Christianshavn; pensó en la angustia y el apuro que había pasado, y apreció la feliz realidad, nuestra época, que con todas sus faltas era mucho mejor que aquella en la que acababa de estar, y la verdad es que el Consejero tenía razón.

III. Aventura del vigilante

—¡Vaya par de chanclos! —dijo el vigilante—. ¡Serán del teniente que vive arriba! Están junto al portón.

Al buen hombre le hubiera gustado tocar el timbre y devolverlos, porque se veía luz aún, pero no quiso despertar a los vecinos de la casa, y así lo dejó estar.

Debe de estarse muy calentito con un par de estos puestos—dijo—. ¡Son de un cuero tan suave! —le sentaban perfectamente.

—¡Qué extraño es el mundo! ¡Podría irse ahora a la cama, pero mira lo que hace, no para de dar vueltas por la habitación!, es un hombre dichoso, no tiene mujer ni criaturas, todas las noches está invitado, ojalá fuera él, entonces sí que sería feliz.

Así que expresó su deseo entraron en acción los chanclos que llevaba puestos, el vigilante se convirtió en el teniente en cuerpo y alma. Se encontraba de pie en la habitación y tenía en la mano un papelito rosa, en el que había una poesía escrita por el propio señor teniente: porque ¿quién en su vida no ha sentido un momento de poesía?, y si se escriben entonces los pensamientos se tiene una poesía. Decía así:

Si yo fuera rico
Toda mi vida ser rico pedí
Desde que, niño, un palmo levantaba.
De haber sido rico, sería oficial
Con uniforme y sable y plumero.
Y oficial llegué con los años a ser
Pero nunca tuve ni tengo dinero.
¡Así me ayude Dios!

Una alegre tarde de mi juventud
Una pequeñuela me vino a besar.
Porque yo era rico en fábula y cuento
Aunque no tuviera ni tengo dinero.
Pero ella tan sólo gustaba de cuentos
Y yo tenía muchos—y ningún dinero.
¡Bien lo sabe Dios!

Aún pido a Dios que me haga rico.
Ahora la niña es una mujer

Tan bella como lista y buena.
Si oyera lo que mi corazón cuenta
Y si como en el pasado me hiciera feliz...
Pero soy pobre y, por lo tanto, callo.
¡Dios bien lo ve!

Si fuera rico en gracia y paz
Mi dolor no pondría en el papel.
Amor mío, si a ti llega
Léelo como un verso de juventud.
Pero mejor será que no lo leas
Porque soy pobre y mi futuro, negro.
¡Dios te bendiga!

Sí, versos así se escriben cuando se está enamorado, pero un hombre sensato no los publica. Teniente, amor y pobreza forman un triángulo, o algo así, la mitad del cuadrado roto de la felicidad. Esto también lo sentía el teniente, y por ello apoyó la cabeza contra el marco de la ventana y suspiró hondamente.

—¡El pobre vigilante ahí en la calle es mucho más feliz que yo! ¡No conoce lo que yo llamo necesidad! Tiene un hogar, mujer e hijos, que lloran cuando él sufre, se alegran con su alegría, ¡oh, yo sería más feliz de lo que soy, si pudiera cambiarme por él, porque él es más feliz que yo!

Al momento el vigilante volvió a ser el vigilante, porque se había convertido en teniente por obra de los chanclos de la Felicidad, pero, como hemos visto, de aquella forma se sintió aún más desgraciado y había preferido ser lo que era en realidad. Así es que el vigilante volvió a ser el vigilante.

—¡Qué mal sueño he tenido! —dijo—. ¡Y qué raro! Pensé que era el teniente de allá arriba y la verdad es que no fue nada divertido. ¡Eché de menos a la parienta y a los críos, que no me dejan ver a fuerza de besos!

Volvió a sentarse y dio una cabezada, el sueño no le había librado de sus pensamientos tenían aún puestos los chanclos. Justo entonces una estrella fugaz cruzó el cielo.

—¡Allá va una! —dijo—. ¡Pero hay muchas más! Cuánto me gustaría ver las cosas del cielo un poco más cerca, sobre todo la Luna, que no se coge con las manos. Cuando morimos, dice el estudiante al que mi mujer lava la ropa, volamos de estrella en estrella. Es un cuento, pero bien pudiera ser. ¡Me gustaría dar un saltito allá, mientras el cuerpo se quedaba aquí en los escalones!

Ahora bien, hay ciertas cosas en el mundo con las que uno ha de andarse con mucho cuidado antes de hablar de ellas, pero aún debe ser uno más cauto cuando se tienen puestos los chanclos de la Felicidad. Ahora verás lo que le pasó al vigilante.

En cuanto a nosotros, los hombres, casi todos conocemos la velocidad del vapor, la hemos experimentado bien con el ferrocarril o bien con el barco que cruza los mares pero su marcha es como los pasos del perezoso o el andar del caracol comparada con la velocidad de la luz; se desplaza diecinueve millones de veces más rápida que el mejor caballo de carreras; y aun así la electricidad es más rápida aún. La muerte es un choque eléctrico que recibimos en el corazón el alma libre vuela en alas de la electricidad. La luz dei sol recorre en ocho minutos y algunos segundos veinte millones de millas; con la urgencia de la electricidad necesita el alma menos minutos para realizar igual vuelo. La distancia entre los astros no es para ella mayor de la que existe para nosotros en una ciudad entre las casas de nuestros amigos, por muy cerca que se encuentren unas de otras, no obstante, este choque eléctrico nos priva del uso del cuerpo en la tierra, en el caso de que no tengamos, como aquí el vigilante, calzados los chanclos de la Felicidad.

En unos segundos el vigilante había recorrido las 52.000 millas hasta la Luna que, como es sabido, está compuesta de una materia mucho más ligera que nuestro planeta y es, diríamos, blanda, como nieve recién caída. Se encontró en uno de los innumerables cráteres que conocemos gracias al gran mapa lunar del Dr. Madler; ¿sin duda lo conoces? En su interior el cráter descendía abruptamente hasta una profundidad de una buena milla danesa; allá abajo se encontraba una ciudad, que tenía el aspecto de una clara de huevo en un vaso de agua, así de blando, y con torres y cúpulas y galerías formadas por velas, transparentes y ondulantes en el aire sutil; nuestro planeta giraba como una gran bola de fuego sobre su cabeza.

Había muchos habitantes y todos ellos, a los que llamaríamos humanos, tenían un aspecto muy diferente a nosotros; tenían también su idioma propio y aunque nadie puede pretender que el alma del vigilante lo entendiese, así ocurría.

El alma del vigilante entendió perfectamente el idioma de los hombres de la Luna. Discutían acerca de nuestra tierra y dudaban de que pudiera estar habitada, el aire debía ser demasiado denso para que una sensata criatura lunar pudiera vivir en ella. Creían que sólo la Luna tenía seres vivos, era el único planeta verdadero, donde vivían genuinos habitantes del universo.

Pero volvamos de nuevo a Ostergade a ver qué le había ocurrido al cuerpo del vigilante.

Estaba tendido sin vida en la escalera, el chuzo se le había caído de la mano y los ojos miraban a la Luna como a la búsqueda de la preciosa alma que allí estaba.

—¿Qué hora es, vigilante?—preguntó un transeúnte. Pero el vigilante no contestó, así es que le tiró un poquito de la nariz, con lo que perdió el equilibrio; el cuerpo quedó tendido todo lo largo que era, estaba muerto. El que le había pellizcado se asustó; el vigilante estaba muerto y bien muerto; se dio parte y se comentó y al amanecer llevaron el cuerpo al hospital.

Menuda broma si el alma hubiera vuelto y, como es probable, buscase el cuerpo en Ostergade y no lo hubiera encontrado; probablemente hubiera ido corriendo a la policía, después a la oficina de objetos perdidos, por si estaba entre las cosas encontradas, y por fin al hospital; pero podemos creer que el alma es más lista cuando viaja por su cuenta, el cuerpo sólo la atonta.

Como se ha dicho, el cuerpo del vigilante ingresó en el hospital, fue conducido a la sala de lavado y lo primero que le hicieron allí, naturalmente, fue quitarle los chanclos, con lo que el alma no tuvo más remedio que volver; al instante tomó la dirección del cuerpo y súbitamente volvió a vivir. Aseguró que había sido la noche más horrorosa de su vida, ni por dos marcos volvería a sufrir semejante experiencia, gracias que había pasado.

El mismo día le dieron de alta, pero los chanclos quedaron en el hospital.

IV. Un momento capital. Un recitado. Un viaje sumamente insólito

Todo vecino de nuestra ciudad sabe cómo es la entrada del Hospital de Federico, de Copenhague, pero como es probable que algunos que no sean de Copenhague lean este cuento voy a hacer una breve descripción.

El hospital está separado de la calle por una verja bastante alta, sus gruesos barrotes de hierro se encuentran tan distantes unos de ellos, que suele decirse que muchos internos flacos se estrujan entre ellos para conseguir así sus pequeñas escapadas. La parte del cuerpo más difícil al intentarlo resultaba ser la cabeza; en este caso, como con frecuencia en el mundo, también las cabezas pequeñas eran las más felices. Bueno, como introducción ya está bien.

Uno de los jóvenes internos, del que sólo en sentido físico podría decirse que era un cabezota, estaba de guardia justo aquella noche; llovía a torrentes, pero a pesar de estas dos dificultades tenía que salir, aunque no fuese más que un cuarto de hora, no merecía la pena decírselo al portero, cuando se podía uno colar entre los barrotes. Allí estaban los chanclos, el vigilante se los había dejado; no tenía idea de que fuesen los de la Felicidad, podían ser de mucho servicio con aquel tiempo, se los puso, ahora la cuestión era el poder colarse a través, lo que nunca había intentado antes. Allí estaba ahora

—¡Ojalá pudiera pasar la cabeza!—dijo, y al instante, a pesar de que fuera muy gorda y grande, se escurrió feliz y fácilmente, por obra de los chanclos; pero cuando le tocó sacar el cuerpo no pudo moverse.

—¡Ay, estoy demasiado gordo! —dijo—. ¡Creía que lo peor era la cabeza! No puedo pasar.

Entonces intentó bruscamente retirar la cabeza, pero no le fue posible. Todo lo que podía era mover cómodamente el cuello. El primer impulso fue encolerizarse, el segundo, el que los ánimos le bajasen a cero. Los chanclos de la Felicidad le habían puesto en la más desesperada situación y por desgracia no se le ocurrió desear quedarse libre, quizá, insistió sin poder salir. Llovía a todo llover, no se veía un alma en la calle. No podía alcanzar la campanilla de la puerta, con lo que quizá hubiera quedado libre. Pensó que allí se estaría hasta la mañana siguiente, cuando se pudiera avisar a un herrero para que aserrase los barrotes, pero la cosa no se hacía en un momento, todos los niños de azul del orfanato de enfrente vendrían corriendo, el barrio entero de marineros acudiría a contemplarle en la picota, se amontonaría una muchedumbre, muy distinta a la que había ido a ver un vegetal gigante el año anterior.

—¡Uf, se me sube la sangre a la cabeza, voy a volverme loco! ¡Oh, ojalá me viera libre y hubiera acabado todo!

Bueno, lo debía haber dicho antes; en un instante así que expresó sus pensamientos, se encontró con la cabeza libre y se volvió adentro, espantado del susto que le habían dado los chanclos de la Felicidad.

No vayamos a creer que con esto se acabó el cuento guiá, queda lo peor.

Pasó la noche y el día siguiente y nadie reclamó los chanclos.

Por la noche se celebraba una función en un teatrillo de Kannikestraede. El local estaba lleno; en el programa figuraba un nuevo recitado. Lo vamos a oír. El título era:

Los anteojos de mi tía-abuela
Mi abuela sabe tanto, que, de ser otra era,
Sin duda hubiera ido derechita a la hoguera.
Conoce cuanto ocurre y cuanto ocurrirá,
Pronostica el presente y el año que vendrá.
Para ella el futuro es pura abracadabra,
Pero de cuanto sabe no dice una palabra.

Mi interés se concentra en el próximo año
Si será un año pródigo o si será tacaño.
El destino del arte, el del país, o el mío.

Y mi abuela lo sabe y no dice ni pío.
Tanto insiste que, al cabo, mi abuela se ablandó
Y, aunque calló al principio, después me iluminó.

Igual que la pared al fin me hubiera oído.
Pero téngase en cuenta que soy su preferido.
No creo que en complacerte haya ningún obstáculo.
Y dándome sus gafas continuó el oráculo:
El sitio adonde vayas ha de ser tu elección,
Con tal que acuda gente y forme un pelotón.
Elegirás al punto el lugar más notorio
Y a través de mis gafas será tu observatorio.
Al instante verás —y créeme, te ruego—
Que las gentes parecen la baraja de un juego.
Podrás leer en ellos como en una gaceta.
Gracias —dije—,y corrí a probar la receta.

¿Pero dónde, decidme, se congrega la gente?
¿Langelinie, la ópera, o en el café de enfrente?
Langelinie no creo: pescarán un catarro.
¿Ostergade? tampoco: hay demasiado barro.
El teatro parece el lugar adecuado
Y la función de tarde lo más pintiparado.

Por todo esto gozan de la presencia mía.
Permítanme que use las gafas de mi tía.
Tan sólo para ver y no perder ni jota
Del aspecto que tienen como caballo y sota
Así podré leerles, predecir el futuro,
Callan, luego otorgan —de esto estoy seguro.

Permitan que agradezca del modo más profundo
Antes que comencemos a descubrir el mundo

Del futuro de ustedes, del mío y de la tierra,
Tal como la baraja en sus palos encierra.

(Poniéndose los anteojos)
Oh, es cierto —me río porque es extraordinario.
Si lo vieran ustedes, subiendo al escenario.
Hay tanta sota junta que produce dentera
Y de damas de pique toda una fila entera.
Aquellos enlutados son tréboles y espadas
Esto es lo que me dicen mis primeras miradas.
Esa dama de pique le guiña el ojo mucho
A un pobre as de oros que parece pachucho.

Oh, este espectáculo me deja alucinado.
En la sala hay muchísimo dinero amontonado
Y próceres venidos del otro continente.
No merecen, no obstante, que ahora los comente.
¿De política piden que diga el porvenir?
¡Si de ella leemos que no hay más que pedir!

Sería hacerle al periódico una faena atroz,
Como quitarle el pollo y dejarle el arroz.
¿Entonces, el teatro? ¿Caras nuevas, una revelación?
Oh, no, no quiero indisponerme con nuestra dirección.
¿Y mi propio destino? ¡Oh, no, a nadie importa,
El corazón de uno tan sólo lo soporta!

Aunque todo lo vea no hablaré del asunto.
Esperad a que ocurra y lo sabréis al punto.
¿Y quién de nosotros tendrá un feliz futuro?
¿O más feliz, preguntan? Fácil es, aseguro—
O quizá no lo sea—oh, no, no tengo gusto
En inquietar a uno o darles un disgusto.

¿Quién vivirá más años? ¿La dama o el señor?
Más vale no decirlo, pues sería peor.
¿Desvelaré el futuro—¿De esto?—¡No!—¿De nada?
¡Mejor! Más vale andar con la boca cerrada.
Tengo un miedo tremendo de ofender a la gente.
Ahora podré saber qué pasa por su mente,

Y gracias a mi magia enterarme de todo—
¿No lo creen? ¿Qué dicen? —No habrá modo
De que crean ustedes que al final no han oído
Más que vanas palabras y sones sin sentido.
Y con esto me callo, oh distinguida audiencia,
Y que cada uno conserve su opinión y creencia.

La poesía fue espléndidamente dicha y el recitador tuvo mucho éxito. Entre los espectadores se encontraba el interno del hospital, que parecía haber olvidado su aventura de la noche anterior. Calzaba los chanclos, que nadie había recogido, y como la calle estaba embarrada, le resultaban útiles.

La poesía le había gustado.

No dejaba de pensar qué bueno sería tener unas gafas parecidas, quizá, usándolas como era debido, pudiera verse el corazón de la gente, era en realidad más interesante, pensaba, que saber lo que ocurrirá el año que viene, porque eso acabará por saberse, pero lo otro, nunca.

Me imagino a los caballeros y señoras de la primera fila—si se les viese a través del pecho, sí, quizá haya una ventana, una especie de tienda; bueno, ¡como irían mis ojos de tiendas! sin duda encontraría en aquella señora una gran casa de modas; aquella otra tienda está vacía, pero necesita una limpieza; claro que habrá también tiendas serias, ay, sí —suspiró— veo una, en ella todo es bueno, pero hay ya un dependiente, ¡es lo único malo en toda la tienda! Del interior de todas sale el grito:

—¡Sírvase entrar!

—¡Sí, ojalá pudiera entrar, igual que un pequeño y leve pensamiento va a través del corazón!

Bueno, no les faltó más a los chanclos, el interno se hizo diminuto y en un viaje de lo más insólito comenzó a visitar los corazones de la primera fila de espectadores. El primer corazón en el que entró fue en el de una señora; pero al momento creyó encontrarse en el Instituto Ortopédico, como se llama el lugar donde el médico elimina y corrige los miembros torcidos de las gentes; estaba en el cuarto en el que los vaciados de yeso de los miembros cuelgan de la pared; aunque aquí se daba la diferencia de que en el Instituto se toman los vaciados cuando ingresa el enfermo, mientras que en el corazón se los tomaban y conservaban cuando las personas sanas se habían ido. Allí se conservaban vaciados de sus amigas, de sus defectos corporales y espirituales.

Pronto se encontró en otro corazón femenino, pero éste le pareció una grande y santa iglesia, las blancas palomas de la inocencia revoloteaban sobre el altar mayor. Con gusto se hubiera hincado de rodillas, pero debía seguir hasta el corazón próximo, aunque aún percibía los acordes del órgano y él mismo, así le pareció, se había convertido en un hombre nuevo y mejor, que no se sentía indigno de pisar el siguiente santuario, una pobre guardilla con una madre enferma; pero a través de una ventana abierta brillaba el dulce sol del Señor, deliciosas rosas cabeceaban en la pequeña jardinera sobre el tejado y dos pájaros azul celeste cantaban con infantil alegría, mientras la madre enferma pedía la bendición para su hija.

Luego se introdujo a gatas en una carnicería abarrotada, era sólo carne y carne lo que pisaba, era el corazón de un hombre altamente respetable, cuyo nombre se encuentra sin duda en la Guía de sociedad.

Pasó después al corazón de su señora esposa, era un viejo palomar en ruinas; el retrato del marido se usaba como veleta, que accionaba de acuerdo con las puertas y, por lo tanto, éstas se abrían y cerraban según giraba el marido.

De allí pasó a un gabinete de espejos, igual al que tenemos en el castillo de Rosenborg, pero los espejos aumentaban de forma increíble. En medio del salón se sentaba, como un Dalai Lama, el insignificante yo de la persona, asombrado de contemplar su enorme dimensión.

A continuación creyó encontrarse en un alfiletero estrechísimo, lleno de agudos alfileres.

Sin duda, el corazón de una solterona—pensó sin más, pero se equivocaba; era un militar muy joven con muchas condecoraciones, ni más ni menos, como se dice, un hombre de temple y corazón.

Sumamente aturdido llegó el empecatado interno al último corazón de la fila, incapaz de poner orden en sus pensamientos, pero creía que era su fantasía, en exceso vigorosa, que le había arrebatado.

—¡Santo Dios —suspiró—, sin duda debo ser propenso a la locura! ¡Además, hace aquí un calor inaguantable! ¡Se me sube la sangre a la cabeza! —y entonces se acordó de la gran aventura de la noche anterior, cuando se le había quedado la cabeza entre los barrotes del hospital.

—¡No hay duda de que allí fue donde empezó todo! —pensó—. Tengo que tratarme a tiempo. Un baño turco me iría bien. Ojalá estuviese en la última galería.

Y así fue que se encontró en la galería superior de los baños de vapor, pero con toda la ropa puesta, botas y chanclos, las gotas de agua caliente le caían del techo sobre la cara.

—¡Uf!—gritó, lanzándose para tomar una ducha fría.

El empleado de los baños dio también un gran grito al ver a un hombre vestido allí dentro. El interno tuvo sin embargo aplomo suficiente para decirle al oído:

Se trata de una apuesta.

Pero lo primero que hizo cuando llegó a su cuarto fue aplicarse un gran emplasto en el cuello y otro en la espalda, para quitarse la locura del cuerpo.

A la mañana siguiente tenía la espalda con cardenales —era cuanto había sacado de los chanclos de la Felicidad.

V. Metamorfosis del escribiente

El vigilante, que sin duda no hemos olvidado, se acordó entre tanto de los chanclos, que se había encontrado y llevado al hospital; los recogió, pero como ni el teniente ni ningún otro vecino de la calle los reconoció como suyos, fueron entregados a la policía.

Parecen los míos —dijo uno de los señores escribientes, contemplando aquellos objetos perdidos y poniéndolos junto a los suyos—. ¡Ni el ojo de un zapatero los distinguiría!

—¡Señor escribiente! —dijo un policía entrando con unos papeles.

El escribiente se volvió, habló con el hombre, pero así que acabó y miró los chanclos, ya no supo distinguir con seguridad Si los suyos eran los de la izquierda o los de la derecha.

—¡Deben de ser éstos que están mojados! —pensó; mal pensado, porque eran los de la Felicidad; pero, ¿por qué razón no se puede equivocar también un policía? Se los puso, se metió unos papeles en el bolsillo, otros bajo el brazo, para repasarlos y corregirlos en casa; pero mira por dónde era una mañana de domingo y el tiempo era bueno—. Me apetece —dijo— un paseo hasta el parque de Frederiksberg —y allí se dirigió.

Nadie más tranquilo y laborioso que aquel joven, bien merecido se tenía el paseíto, que le resultaría tan beneficioso por tantos conceptos. Al comienzo se limitó a ir andando, sin pensar en nada, por lo que los chanclos no tuvieron ocasión de ejercer su poder mágico.

En la avenida se encontró con un amigo, un joven poeta, que le contó que al siguiente día se marchaba de vacaciones de verano.

—¡Anda!, ¿vuelve usted a marcharse? dijo el escribiente—. Qué suerte tienen los hombres libres. ¡Pueden ir donde les place, mientras nosotros tenemos una cadena en la pata!

—¡Pero bien atada al árbol del pan! —dijo el poeta—. ¡No tienen que preocuparse por el mañana y cuando se hacen viejos tienen pensión!

—¡Usted tiene más suerte —dijo el escribiente—, sentarse a escribir poesías, qué delicia! Todo el mundo le dice cumplidos y es usted dueño de sus acciones. ¡Bueno, debería usted ver lo que es estar ocupado con las trivialidades de la justicia!

El poeta inclinó la cabeza, el escribiente la inclinó a su vez. Cada uno mantuvo su opinión y se separaron.

—¡Son una raza aparte los poetas! —dijo el escribiente.

Ojalá me cambiase y tuviera esa forma de ser, convertido en poeta, estoy seguro de que no escribiría versos tan lacrimosos como los otros. ¡Hoy hace un día de primavera justo para un poeta! ¡El aire es limpio como nunca, el cielo tan hermoso y hay una fragancia en las ramas! Sí, hace muchos años que no he sentido como en este momento.

Observemos que ya se había convertido en poeta; era un cambio que no saltaba a la vista, porque es una idea tonta el creer que un poeta es diferente a las demás personas; puede que haya entre éstas, naturalezas mucho más poéticas de lo que son muchos poetas de fama; la diferencia consiste sólo en que el poeta tiene mejor memoria espiritual, puede conservar la idea y el sentimiento hasta ser expresados en palabras de forma clara y ordenada, lo que los otros no pueden. Pero pasar de una naturaleza corriente a una dotada es siempre un tránsito, y eso es lo que le había ocurrido al escribiente.

—¡Deliciosa fragancia! —dijo—. ¡Cómo me recuerda las violetas en casa de tía Lone! ¡Huy, era yo muy pequeño! ¡Dios mío, cuánto tiempo hace que no pienso en ello! ¡Mi buena, vieja tía! Vivía por allá detrás de la Bolsa. Siempre tenía una ramita o un par de brotes verdes en agua, por duro que fuese el invierno. Las violetas exhalaban su aroma mientras yo aplicaba monedas de cobre calientes sobre los vidrios helados para hacer ventanitas. Era una vista espléndida. Fuera en el canal yacían las barcazas heladas, abandonadas por la tripulación, un cuervo que gritaba como único tripulante; pero así que la primavera se olía en el aire, todo se animaba; entre canciones y gritos se aserraba el hielo. Los barcos eran alquitranados y aparejados, para marchar a tierras lejanas; yo sigo aquí, quizá para siempre, siempre sentado en la estación de policía viendo cómo los demás obtienen sus pasaportes para viajar al extranjero, es mi destino. ¡Ay, sí!—suspiró hondamente, pero de pronto se detuvo—. ¡Dios mío, pero qué me pasa! ¡En mi vida he pensado o sentido de esta manera! ¡Debe ser el aire primaveral, que acaricia y desazona a la vez!

Metió la mano en el bolsillo para sacar los papeles.

Estos me ofrecen otra cosa en qué pensar —dijo mirando la primera hoja—. "La Sra. Sigbrith, tragedia original en cinco actos" —leyó—. ¿Qué es esto? Y no hay duda de que es mi letra. ¿He escrito yo la tragedia? "La intriga en el baluarte, o El día de acción de gracias, sainete". ¿Pero de dónde lo he sacado? ¡Alguien me lo ha debido de meter en el bolsillo, aquí hay una carta! —sí, era del director del teatro, las piezas habían sido rechazadas, y la carta no estaba escrita con mucha cortesía, precisamente.

—¡Ejem, ejem! —dijo el escribiente sentándose en un banco; sus pensamientos eran tan animados, su corazón tan tierno; sin darse cuenta arrancó la flor que tenía más próxima, una modesta margarita; lo que los botánicos emplean muchas lecciones en enseñarnos, lo comprendió él en un minuto; la flor le habló de la leyenda acerca de su nacimiento, le habló del poder de la luz del sol, que entreabría los delicados pétalos y les hacía exhalar su aroma él pensó entonces en las batallas de la vida, que de igual modo despiertan los sentimientos en nuestro pecho. Aire y luz eran los novios de la flor, pero la luz era el favorito, ante la luz se inclinaba, cuando ella desaparecía, juntaba sus pétalos y dormía en brazos del aire.

—¡Es la luz la que me adorna! —decía la flor.

—¡Pero el aire te permite respirar! —susurró la voz del poeta.

Junto a él un niño agitaba con un palo el agua turbia de una zanja; las gotas salpicaban las ramas verdes y el escribiente pensó en los millones de animales invisibles que las gotas lanzaban a lo alto, lo que, según sus dimensiones, era para ellos como si a nosotros nos lanzaran más allá de las nubes. Cuando el escribiente pensó en esto y en todos los caminos que le habían ocurrido, sonrió:

—¡Estoy dormido, soñando! De todas formas, qué extraño resulta que se pueda dormir normalmente y darse cuenta al mismo tiempo que se trata de un sueño. ¡Ojalá lo pueda recordar mañana, cuando me despierte; ahora me parece estar despierto como nunca! Tengo una visión clarísima de todo, me siento completamente despierto, pero sé de sobra que si mañana me acuerdo de algo, todo lo que he sentido parecerá un disparate. Ocurre con todas las razones y maravillas que se oyen y se dicen en sueños, como pasa con el oro de los elfos, cuando se tiene en la mano, es rico y espléndido, pero visto a la luz del día, sólo piedras y hojarasca.

Ay —suspiró tristemente, mirando a los pájaros que cantaban, saltando animadamente de rama en rama—. ¡Son más felices que yo! ¡Qué arte más maravilloso es poder volar, felices los que nacen con él! ¡Cuánto daría por convertirme en una pequeña alondra!

Al instante sus faldones y sus mangas se fundieron en alas, sus ropas se convirtieron en plumas, y los chanclos en garras; se dio perfecta cuenta de ello y se rió para sus adentros:

—¡Bueno, ahora sí que no hay duda de que estoy soñando! Pero así de ridículo no me he visto nunca antes —y voló a las verdes frondas cantando, pero en su canto faltaba la poesía, porque su naturaleza poética había desaparecido; los chanclos sólo podían, como todo aquel que hace algo a conciencia, hacer una cosa a la vez, había deseado ser poeta, y lo fue; ahora había deseado ser un pajarillo, pero al convertirse en éste había perdido su anterior característica.

—¡Qué bien! —dijo—, por el día trabajo en la estación de policía sobre los asuntos más serios, por la noche sueño que vuelo como una alondra por el parque de Frederiksberg, ¡demonio, se podría escribir todo un sainete sobre esto!

Entonces bajó volando a la hierba, inclinó la cabeza hacia todos los lados y picoteó en los flexibles tallos de hierba, que en relación a su tamaño actual parecían más altos que las palmeras del Norte de África.

Al momento se hizo en torno suyo la noche más cerrada; le pareció que le echaban encima algo gigantesco, era un gran gorro que un chico de Nyboder había arrojado sobre el pájaro, entró una mano y agarró al escribiente por el lomo y las alas, por lo que pió; con el susto gritó:

—¡Desvergonzado mocoso! ¡Soy escribiente en la estación de policía!

Pero al chico le sonó como "pío, pío" —le dio al pájaro un manotazo en el pico y se marchó con él.

En la avenida se encontró con dos colegiales de la clase superior, es decir, superior en lo social, porque en lo moral eran de lo más tirado de la escuela; compraron el pájaro por ocho cuartos, y así fue cómo el escribiente volvió a Copenhague, a casa de una familia en Gothersgade.

Menos mal que estoy soñando —dijo el escribiente—, que si no, sería cosa de enfadarse. ¡Primero he sido poeta; ahora, alondra! ¡Claro, fue la naturaleza poética la que me convirtió en animalillo! Pero es triste cosa, en especial cuando se cae en manos de unos críos. ¡Me gustaría saber en qué acabará todo esto!

Los niños le llevaron a un salón muy elegante; una señora corpulenta, toda risas, les recibió, pero no le gustó nada que un vulgar pájaro de campo, como calificó a la alondra, entrase en la sala, aunque por aquel día podía pasar, y podían ponerlo en la jaula vacía que estaba junto a la ventana.

A lo mejor le divierte al loro —añadió riendo a un gran papagayo verde que se columpiaba majestuosamente en su anillo en la espléndida jaula de latón—. ¡Es el cumpleaños del loro dijo ella con fingida voz infantil—, por lo que el pajarillo de campo debe felicitarle!

El loro no se dignó contestar y siguió con su majestuoso vaivén, pero un precioso canario, al que el verano último habían traído de su caliente y perfumada patria, comenzó a cantar con toda animación.

—¡Gritón! —dijo la señora, tapándole la jaula con un pañuelo blanco.

—¡Pío, pío! —gimió el canario—. ¡Qué horrible nevada! —y con este suspiro se calló.

El escribiente, o como dijo la señora, el pájaro de campo, fue puesto en una jaulita junto al canario, no lejos del papagayo. La única frase humana que el loro podía parlotear, y que a veces resultaba sumamente cómica, era:

—¡Bueno, seamos humanos!

Todo lo demás que chillaba era tan incomprensible como el gorjeo del canario, excepto para el escribiente, convertido ahora en pájaro; los entendía como a buenos compañeros.

Volaba bajo las palmeras verdes y los almendros en flor—cantó el canario, volaba con mis hermanos sobre las flores espléndidas y sobre el mar de cristal, en cuyo fondo se mecían las plantas. Veía también muchos papagayos preciosos, contaban los más divertidos cuentos, largos y variados.

Eran pájaros incultos —contestó el papagayo—, sin ninguna educación. ¡Bueno, seamos humanos! ¿Por qué no te ríes? Si la señora y las visitas se ríen, bien pudieras reírte tú; es un gran defecto el no tener sentido del humor. ¡Bueno, seamos humanos!

Oh, ¿recuerdas las hermosas muchachas que bailaban bajo el toldo extendido junto a los árboles en flor? ¿Recuerdas las dulces frutas y el jugo que brotaba de las hierbas silvestres?

—¡Claro que sí—dijo el papagayo—,pero aquí me encuentro mucho mejor. Como bien y me tratan como de la familia; soy consciente de mi superioridad intelectual, y eso me basta. ¡Seamos humanos! Tú tienes alma de poeta, como dicen, yo poseo sólidos conocimientos e ingenio, tú tienes talento, pero no eres prudente, te lanzas con esos altos tonos naturales, y por ello te ganas sus críticas. ¡A mí no me lo dicen, quiá, porque les he costado algo más! Les asusto con mi pico y puedo soltar una gracia tras otra. ¡Bueno, seamos humanos!

—¡Oh, mi cálida patria en flor —cantó el canario—, cantaré tus árboles de verde intenso, tu golfo inmóvil, donde las ramas besan la transparente superficie del agua, cantaré el júbilo de mis brillantes hermanos, donde crecen los cactos!

—¡Basta de notas plañideras! —dijo el papagayo—. Di algo que nos haga reír. La risa es signo de superioridad espiritual. ¡Mira si un perro o un caballo pueden reír! No; pueden llorar, pero el reír ha sido sólo dado a los hombres. ¡Ja, ja, ja! —rió el papagayo, añadiendo su gracia:

—¡Seamos humanos!

—¡Oye, gris pajarillo danés! —dijo el canario—. ¡También tú estás prisionero! ¡Sin duda hace frío en tu bosque, pero sin embargo hay libertad, escápate! Se han olvidado de encerrar tu jaula; la ventana de arriba está abierta. ¡Vuela, vuela!

Y así hizo el escribiente, zás, salió de la jaula; entonces crujió la puerta entreabierta que daba al cuarto vecino, y elástico, con verdes y brillantes ojos, se deslizó el gato de la casa para cazarle. El canario revoloteó en la jaula, el papagayo batió las alas gritando:

—¡Seamos humanos!

El escribiente sintió un miedo mortal y salió volando por la ventana, sobre las casas y las calles; hasta que al final tuvo que tomar descanso.

La casa de enfrente tenía algo de familiar, había una ventana abierta, entró volando por ella, era su propia habitación; se posó en la mesa.

—¡Seamos humanos! —dijo, sin pensar en lo que decía, repitiendo al papagayo, y al instante fue de nuevo el escribiente, pero sentado a la mesa.

—¡Dios mío —dijo—, cómo he venido y me he dormido! Y qué sueño más intranquilo he tenido. Vaya sarta de tonterías ha sido todo él.

VI. Lo mejor que produjeron los charclos

A la mañana siguiente, muy temprano, cuando el escribiente se encontraba aún acostado, llamaron a la puerta, era el vecino del mismo piso, un estudiante de teología; entró.

Préstame tus chanclos—dijo—. El jardín está muy mojado, pero hay un sol estupendo, me gustaría fumarme una pipa abajo.

Se puso los chanclos y al momento se encontraba en el jardín, que contenía un ciruelo y un peral. Incluso un jardín tan pequeño como aquél puede considerarse como un tesoro en el corazón de Copenhague.

El estudiante fue arriba Y abajo por el sendero, eran sólo las seis; de la calle llegó el resonar de la corneta del postillón.

—¡Oh, viajar, viajar! —exclamó—. ¡No hay mayor felicidad en el mundo! ¡Eso colmaría todos mis deseos! Entonces se calmaría esta inquietud que siento. Pero tendría que ser un largo viaje. Visitar la espléndida Suiza, viajar a Italia y...

Sí, menos mal que los chanclos obraron al instante que si no, hubiera ido demasiado lejos, y nosotros con él. Viajó. Se encontró en medio de Suiza, pero con ocho viajeros más en el interior de una diligencia; le dolía la cabeza, sentía cansancio en la nuca y la sangre le había bajado a las piernas, hinchadas y oprimidas por las botas, Estaba entre adormecido y despierto. En el bolsillo de la derecha tenía su carta de crédito; en el bolsillo de la izquierda, el pasaporte, y en una pequeña bolsa de piel sobre el pecho, cosidos unos luises de oro; todos sus sueños giraban en torno a la pérdida de uno u otro de estos tesoros, y por ello se despertaba febrilmente y el primer movimiento que hacía su mano era un triángulo de derecha a izquierda y arriba al pecho, para palpar si los tenía o no. Los paraguas, los bastones y sombreros se balanceaban en la red de encima y tapaban en cierto modo la vista, que era ciertamente imponente, él la contemplaba de reojo, mientras el corazón cantaba lo que por lo menos un poeta que conocemos ha cantado en Suiza, pero que ha permanecido inédito hasta hoy:

Hermoso, como un deseo ideal,
Contemplo el Montblanc, amada mía,
Si sólo el dinero fuese igual
Qué felicidad estar aquí sería.

Grande, solemne y oscura era toda la naturaleza en torno. Los bosques de abetos parecían manchas de brezo sobre las altas rocas, cuya cumbre se ocultaba en la niebla, entonces comenzó a nevar, soplaba un viento helado.

—¡Uf! —suspiró—, ojalá estuviéramos al otro lado de los Alpes, entonces sería verano, y tendría yo dinero, con mis cartas de crédito; la angustia que paso por éstas hace que no disfrute de Suiza; oh, ¡ojalá me encontrase al otro lado!

Y al otro lado se encontró al instante; en plena Italia, entre Florencia y Roma. El lago Trasimeno aparecía a la luz del crepúsculo como de oro centelleante, entre las montañas de azul oscuro; aquí, donde Aníbal derrotó a Flaminio, se entrelazaban ahora pacíficamente las parras con sus verdes zarcillos; graciosos niños semidesnudos pastoreaban un rebaño de cerdos negros como el carbón bajo un grupo de fragantes laureles junto al camino. Si pudiéramos mostrar todo esto en un lienzo, todos gritarían con entusiasmo:

—¡Hermosa Italia! —pero el teólogo no lo decía ni ninguno de sus compañeros de viaje en el interior de la diligencia.

Por millares les entraban volando venenosas moscas y mosquitos, por mucho que se las espantase con una rama de mirto, las moscas picaban igual; ni uno solo de los ocupantes de la diligencia dejaba de tener la cara hinchada y con sangre de picaduras. Los pobres caballos parecían carroñas, las moscas se posaban sobre ellos en capas compactas y era sólo un breve respiro el que el cochero bajase y las espantara. Al ponerse el sol, sobrevino por un momento un frío glacial que no era nada agradable; pero en torno las montañas y el cielo tomaron un maravilloso tono verde, límpido, radiante... bueno, ¡cuánto mejor es verlo en la realidad que leerlo en una descripción!, ¡es incomparable!, así lo creían también los viajeros, pero... el estómago estaba vacío, los miembros cansados, el más profundo deseo era encontrar un alojamiento para la noche; ¿cuándo llegarían a él? Se interesan más por esto que por las bellezas de la naturaleza.

El camino pasaba por un olivar, era como si fuese por su país, entre nudosos sauces, allí se encontraba una venta solitaria. Una decena de tullidos pedigüeños había acampado fuera, el más sano parecía el "hijo mayor del hambre, que había alcanzado su mayoría de edad", los otros eran, o ciegos, tenían las piernas deformes y andaban con las manos, o brazos raquíticos con manos sin dedos. Era auténtica miseria cubierta de harapos.

—¡Eccellenza, miserabili! —gemían alargando sus miembros enfermos. La propia ventera, descalza, despeinada y vistiendo sólo una blusa sucia, recibió a los huéspedes. Las puertas estaban atadas con cuerdas, el suelo de las habitaciones presentaba un pavimento medio roto de ladrillos; los murciélagos volaban bajo el techo, y dentro apestaba...

—¡Preferiría que pusiera la mesa en el establo! —dijo uno de los viajeros—. Por lo menos allí se sabe a lo que huele.

Abrieron las ventanas para que entrase un poco de aire fresco, pero antes que él llegaron los brazos raquíticos y las quejas lastimeras:

—¡Miserable, Eccellenza!

Había muchos letreros en las paredes, la mitad eran contra la bella Italia.

Sirvieron la comida; una sopa de agua aderezada con pimiento y aceite rancio, y el mismo aceite en la ensalada; huevos viejos y crestas de gallo asadas fueron los platos fuertes; el mismo vino tenía cierto gustillo de mezcla auténtica.

Por la noche apilaron los baúles ante la puerta; uno de los viajeros vigilaba mientras el resto dormía, el teólogo era el centinela; ¡no había quien aguantase allí! El calor ahogaba; los mosquitos zumbaban y picaban; los miserabili de afuera gemían en su sueño.

—¡Sí, está muy bien viajar —suspiró el estudiante— si no tuviéramos cuerpo!, si éste pudiera descansar, mientras volase el alma. Adonde quiera que vaya, mi corazón siente, algo le falta; ansío algo mejor que lo pasajero; algo mejor, lo mejor, ¿pero dónde está y qué es? ¡En el fondo sé lo que deseo, deseo alcanzar un destino feliz, el más feliz de todos!

Y así que lo dijo se encontró en casa; las largas cortinas blancas colgaban ante la ventana y en medio de la habitación había un ataúd negro, en él yacía en su tranquilo sueño de la muerte, su deseo estaba cumplido, el cuerpo descansaba, el alma viajaba. "A nadie llames feliz antes de que esté enterrado", dijo Solón; aquí se confirmaba el dicho.

Todo cadáver es la esfinge de la inmortalidad, tampoco la esfinge en este negro ataúd nos respondía a lo que él, de vivo, había escrito dos días antes:

Tú, poderosa muerte, terrible y silenciosa,
Tu única huella la tumba del cementerio.
¿Se romperá la escala de Jacob del pensamiento?
¿Brotaré sólo como hierba en el jardín de la muerte?

El mundo no conoce nuestro mayor dolor.
Tú, solitario hasta el último momento,
Más oprime el mundo el corazón del hombre
Que la tierra que echan sobre tu ataúd.

Dos figuras andaban por el cuarto; las conocemos: eran el hada de la Desgracia y la enviada de la Felicidad; se inclinaron sobre el muerto.

Mira —dijo la Desgracia— qué felicidad han traído tus chanclos a los hombres.

Por lo menos han traído la dicha eterna a este que sueña aquí—contestó la Dicha.

Oh, no—dijo la Desgracia—. ¡Se marchó por decisión propia, no porque fuese llamado! Su poder espiritual no ha tenido la fuerza suficiente para alcanzar aquello que él mismo se había propuesto. Le voy a hacer un favor.

Y le quitó los chanclos; con eso dio fin el sueño de la muerte, el resucitado se levantó. La Desgracia desapareció y también los chanclos; sin duda los consideró como de su propiedad.

Índice

•FONTANA•

1. **LA DIVINA COMEDIA,** Dante
2. **EL ARTE DE LA GUERRA,** Sun Tzu
3. **LA ILÍADA,** Homero
4. **LA ODISEA,** Homero
5. **LA ENEIDA,** Virgilio
6. **EL RETRATO DE DORIAN GRAY,** Oscar Wilde
7. **LA METAMORFOSIS,** Franz Kafka
8. **FRANKENSTEIN,** Mary Shelley
9. **NECRONOMICÓN, LOS MEJORES RELATOS,** H. P. Lovecraft
10. **ALICIA EN EL PAÍS DE LAS MARAVILLAS,** L. Carroll
11. **A TRAVÉS DEL ESPEJO,** Lewis Carroll
12. **LA VUELTA AL MUNDO EN OCHENTA DÍAS,** J. Verne
13. **DRÁCULA,** Bram Stoker
14. **CUENTOS DE LA SELVA,** Horacio Quiroga
15. **EL FANTASMA DE LA ÓPERA,** Gaston Leroux
16. **LA BELLA Y LA BESTIA,** Velleneuve y Beaumont
17. **DE LA TIERRA A LA LUNA,** Julio Verne
18. **EL PROCESO,** Frank Kafka
19. **CUENTOS DE AMOR DE LOCURA Y DE MUERTE,** H. Quiroga
20. **ROMEO Y JULIETA,** William Shakespeare
21. **ASÍ HABLABA ZARATUSTRA,** Friedrich Nietzsche
22. **MANIFIESTO COMUNISTA,** K. Marx y F. Engels
23. **EL PRÍNCIPE,** Nicolás Maquiavelo
24. **EL KYBALIÓN,** Tres Iniciados
25. **MÁS ALLÁ DEL BIEN Y DEL MAL,** Friedrich Nietzsche
26. **EL ANTICRISTO,** Friedrich Nietzsche
27. **APOLOGÍA DE SÓCRATES,** Platón
28. **DIÁLOGOS,** Platón
29. **METAFÍSICA,** Aristóteles
30. **RETÓRICA,** Aristóteles
31. **ÉTICA A NICÓMACO,** Aristóteles
32. **ELOGIO DE LA LOCURA,** Erasmo de Rotterdam
33. **AURORA,** Friedrich Nietzsche
34. **AZUL...,** Rubén Darío
35. **SELECCIÓN POÉTICA,** Federico García Lorca
36. **SENTIDO Y SENSIBILIDAD,** Jane Austen
37. **EL FANTASMA DE CANTERVILLE Y OTROS RELATOS,** O. Wilde
38. **EL PRÍNCIPE FELIZ Y OTROS CUENTOS,** Oscar Wilde
39. **CORAZÓN: DIARIO DE UN NIÑO,** Edmondo de Amicis
40. **ALREDEDOR DE LA LUNA,** Julio Verne

41. **LA MURALLA CHINA,** Franz Kafka
42. **AMÉRICA,** Franz Kafka
43. **EL PERRO DE LOS BASKERVILLE,** Arthur Conan Doyle
44. **EL DOCTOR JEKYLL Y MISTER HYDE,** Robert Louis Stevenson
45. **YERMA · DOÑA ROSITA LA SOLTERA,** Federico García Lorca
46. **SELECCIÓN DE CUENTOS,** Hermanos Grimm
47. **SELECCIÓN DE CUENTOS,** Christian Andersen
48. **EL MARAVILLOSO MAGO DE OZ,** Lyman Frank Baum
49. **EL CREPÚSCULO DE LOS ÍDOLOS,** Friedrich Nietzsche
50. **LA REPÚBLICA,** Platón
51. **EL CUERVO Y OTROS POEMAS,** Edgar Allan Poe
52. **LA MÁSCARA DE LA MUERTE ROJA Y OTROS RELATOS,** E. A. Poe
53. **EL CONTRATO SOCIAL,** Rousseau
54. **TRES ENSAYOS SOBRE LA TEORÍA SEXUAL,** Sigmund Freud
55. **PRINCIPIOS ELEMENTALES DE LA FILOSOFÍA,** Georges Politzer
56. **POPOL VUH & CHILAM BALAM**
57. **CANCIÓN DE NAVIDAD,** Charles Dickens
58. **EL INVITADO DE DRÁCULA Y OTRAS HISTORIAS DE TERROR,** Bram Stoker
59. **SALOMÉ & UNA MUJER SIN IMPORTANCIA,** Oscar Wilde
60. **INVESTIGACIÓN SOBRE LA NATURALEZA Y CAUSAS DE LA RIQUEZA DE LAS NACIONES,** Adam Smith
61. **EL ESCARABAJO DE ORO Y OTROS RELATOS,** Edgar Allan Poe
62. **HOJAS DE HIERBA,** Walt Whitman
63. **TAO TE KING,** Lao Tse
64. **MARTÍN FIERRO,** José Hernández
65. **MARÍA,** Jorge Isaacs
66. **EL ARTE DE AMAR · EL REMEDIO DEL AMOR,** Ovidio
67. **EL PROFETA · EL JARDÍN DEL PROFETA,** Khalil Gibrán
68. **DESOBEDIENCIA CIVIL Y OTROS TEXTOS,** Henry David Thoreau
69. **EL VALLE DEL TERROR,** Arthur Conan Doyle
70. **LA TEOGONÍA,** Hesíodo
71. **LA CASA DE BERNARDA ALBA · LA ZAPATERA PRODIGIOSA,** Federico García Lorca
72. **LAS FLORES DEL MAL,** Charles Baudelaire
73. **EL TERROR EN LA LITERATURA,** H. P. Lovecraft
74. **EL MUNDO COMO YO LO VEO,** Albert Einstein
75. **LOS MITOS DE CTHULHU,** H. P. Lovecraft
76. **UTOPÍA,** Tomás Moro
77. **EL GATO NEGRO Y OTROS RELATOS,** Edgar Allan Poe
78. **EN LAS MONTAÑAS DE LA LOCURA,** H. P. Lovecraft
79. **CUMBRES BORRASCOSAS,** Emily Brontë